散居孤儿的
多重逆境与抗逆力研究

鄢勇兵 著

大连理工大学出版社

图书在版编目（CIP）数据

散居孤儿的多重逆境与抗逆力研究 / 鄢勇兵著 . -- 大连：大连理工大学出版社，2024.3
ISBN 978-7-5685-4511-2

Ⅰ.①散… Ⅱ.①鄢… Ⅲ.①孤儿－儿童教育－研究 Ⅳ.① G61

中国国家版本馆 CIP 数据核字(2023)第 123345 号

散居孤儿的多重逆境与抗逆力研究
Sanju Gu'er De Duochong Nijing Yu Kangnili Yanjiu

出 版 人	苏克治
责任编辑	裘美倩
责任校对	陈星源
封面设计	方 茜

出版发行	大连理工大学出版社
地　　址	大连市软件园路 80 号　邮政编码　116023
电　　话	0411-84708842（发行）　0411-84708943（邮购）
邮　　箱	dutp@dutp.cn
网　　址	https://www.dutp.cn

印　　刷	大连天骄彩色印刷有限公司
幅面尺寸	185mm × 260mm　　印　张　12　　字　数　292 千字
版　　次	2024 年 3 月第 1 版　　印　次　2024 年 3 月第 1 次印刷
书　　号	978-7-5685-4511-2　　定　价　79.00 元

本书如有印装质量问题，请与我社发行部联系更换。

前　言

父母能够为孩子提供一个安全基地，让孩子安心地去探索外面的世界，这是约翰·鲍尔比（John Bowlby）关于养育的核心观点之一。家庭破碎、功能失衡的时候，孩子们往往最先承受苦难，而且他们的苦难最为深重。

本书的研究对象是那些失去父母、散居在社会上的孤儿，也有极少部分是事实上无父母照料的孤儿。他们有的由年迈的爷爷奶奶或外祖父母照顾；有的寄居在亲属家；也有独自生活的孤儿，他们需要自己面对生活。有的孤儿在父母去世时年纪小不记事，不知道心痛；有的孤儿在失去父母的时候有着"天塌了""世界末日来临"的感觉，危机引发的痛苦对他们造成了深深的内心伤害。在成长的道路上，他们经历了多种逆境，生活贫困、没有父母疼爱、遇到困难时没有人可以商量和帮忙解决问题、周围人的歧视与异样眼光，凡此种种，不一而足。散居孤儿的逆境经历和脆弱性在学界和政策界已有许多分析和论述。本书深入探讨散居孤儿所遭遇逆境的特征、关键的保护性因素及其抗逆过程。散居孤儿如何面对"天大"的挫折，亦即其抗逆力，是一个很少被关注和研究的领域。

在研究中，我针对平均年龄为 20 岁的 375 名散居孤儿以儿童青少年抗逆力测量中文版（CYRM-C）和普通精神健康量表（GHQ-12）进行了问卷调查，并对其中 30 名散居孤儿进行了深度访问。结果显示，受访散居孤儿在生命历程中遭遇多重逆境：丧亲之痛、安置之难、养护困难、经济困难、学业困难、歧视与耻感等。这些逆境呈现出连锁反应和累积效应两个特征，同时，27.5% 的散居孤儿具有负面心理倾向，精神健康风险尤其值得关注。

访谈资料显示，高抗逆力的散居孤儿具有关键的保护性因素：一是合作抚孤的亲属网络中至少有一个能持续关爱他/她的抚养者，抚养者自身具有较强的抗逆力，以及"近"亲属的支持和良师益友的指导；二是正式社会支持，例如儿童福利政策、孤儿集中助学项目、学校等在资源与机会获取上提供支持，缓解了贫困压力，降低了失学风险，提供了成长指导、学业与社会技能学习；三是个体发展出内在的能力和信念，包括应对贫困和自我心理调适策略，自我规划、自主和人际交往技能，以及一系列正面信念，如希望感、进取心、责任感、感恩之心、榜样的精神激励等。教育机会，尤其是大学教育，对于散居孤儿成长具有转折点效应。不管是大学还是中小学，学校都成为他们安全的避风港、温暖的提供者、发展自我效能和自尊的基地。

基于资料分析，我将散居孤儿抗逆重构（reintegration）初步分为五个类型：积极适应型、内在挣扎型、平衡维持型、独自抗争适应型和非常规适应型。五个类型呈现出不同的抗逆力建构路径，体现了个体与环境互动、保护性因素与风险因素相抗衡的过程。它们与国外学者针对抗逆力过程所建构的"理想类型"既有相似之处，又存在较大的差异。散居孤儿群体是非常多元和异质的，尽管抗逆力是一种普遍现象，但抗逆力的呈现却是多维的，包括社会的抗逆力、心理的抗逆力、学业的抗逆力等，每个个体身上都蕴藏着力量和坚韧。

全球经验表明，童年时期的逆境和贫困不仅会影响成年后的生活，还有可能对下一代造成影响，形成代际传递。要保护和关怀这些散居孤儿，提升他们的抗逆力，我认为外部的介入是必不可少的。这些介入包括：为抚养散居孤儿的家庭提供经济支持和指导，为散居孤儿提供情感关爱和心理支持，建立健全城乡基层儿童福利服务体系，强化教育和学校中的保护性因素，强化个体内在的保护性因素，增强抗压性。

在完成本书的过程中，我得到了很多人的帮助和支持。我要感谢我的导师徐月宾教授的包容、宽厚，以及给我的指导和支持。乔东平教授也对我的研究和写作给予了很多帮助。我特别要感谢我的受访对象，尤其是那些接受我深度访谈的散居孤儿，他们向我分享了有关他们的苦难、抗争与勇气的故事。他们中许多人并非如社会对他们的刻板印象那样，虽然经历痛苦和迷茫，但他们在亲友、老师、政府等各方的支持下，凭借自身的坚韧与能动，书写了个人独特的抗逆力故事。我也要感谢李继宗老师，他对我这项研究的资料收集给予了大力支持和协助。

最后，感谢我的家人。我爱人和岳父岳母在我读书、写论文期间承担了很多家庭事务，让我能专心阅读和写作。我儿子用他自己的思维理解我的工作，一直认为"爸爸在写一篇作文"，而且经常好奇地问："你的十万字的作文写得怎么样了？"他的期待对于我是一种鞭策，这几年间我与他一起成长。

对于本书中存在的不足，恳请读者不吝赐教。书中的纰漏和错误概由本人负责。

作者于 2024 年 3 月

目 录

第一章 绪论……………………………………………………………1
  第一节 研究缘起………………………………………………1
  第二节 研究背景………………………………………………2
  第三节 研究问题………………………………………………5
  第四节 研究意义………………………………………………6

第二章 文献综述………………………………………………………9
  第一节 相关概念界定…………………………………………9
  第二节 抗逆力理论梳理………………………………………12
  第三节 抗逆力测量方法回顾…………………………………18
  第四节 孤儿抗逆力研究回顾…………………………………20
  第五节 本研究的分析框架……………………………………23

第三章 研究方法………………………………………………………27
  第一节 研究方法选择…………………………………………27
  第二节 研究对象………………………………………………28
  第三节 资料收集………………………………………………30
  第四节 资料分析与研究信度…………………………………36
  第五节 研究伦理………………………………………………37

第四章 散居孤儿抗逆力测量结果及影响因素分析…………………41
  第一节 散居孤儿抗逆力测量结果……………………………41
  第二节 散居孤儿抗逆力测量结果的分类比较………………44
  第三节 影响散居孤儿抗逆力的因素分析……………………46

第五章 散居孤儿的逆境经历…………………………………………51
  第一节 丧亲之痛………………………………………………51
  第二节 安置之难………………………………………………54

第三节　养护困难 ·· 58
　　　第四节　经济贫困 ·· 61
　　　第五节　学业困难 ·· 64
　　　第六节　歧视与耻感 ·· 67
　　　第七节　风险因素的特征分析 ·· 70

第六章　亲属网络养护与散居孤儿的抗逆力 ····································· 73
　　　第一节　抚养人的养育和支持 ·· 73
　　　第二节　兄弟姐妹的支持 ·· 77
　　　第三节　其他亲属的支持 ·· 79
　　　第四节　家族、类亲属的支持 ·· 82
　　　第五节　亲属网络中关键的保护性因素及机制 ························ 84

第七章　正式社会支持与散居孤儿的抗逆力 ····································· 93
　　　第一节　儿童福利政策的支持 ·· 93
　　　第二节　孤儿集中助学项目的支持 ·· 96
　　　第三节　学校的支持 ·· 102

第八章　散居孤儿个人内在的保护性因素 ······································· 113
　　　第一节　应对策略 ·· 113
　　　第二节　技能发展 ·· 120
　　　第三节　正向信念 ·· 124

第九章　散居孤儿抗逆发展的类型 ··· 131
　　　第一节　积极适应型 ·· 131
　　　第二节　内在挣扎型 ·· 139
　　　第三节　平衡维持型 ·· 143
　　　第四节　独自抗争适应型 ·· 147
　　　第五节　非常规适应型 ·· 149

第十章　结论、讨论与政策建议 ··· 155
　　　第一节　研究结论 ·· 155
　　　第二节　讨论与展望 ·· 168
　　　第三节　政策建议 ·· 170

参考文献 ··· 174

附录 ··· 181
　　　附录1：抗逆力调查问卷 ·· 181
　　　附录2：访谈提纲 ·· 183
　　　附录3：知情同意书 ·· 185

第一章 绪论

第一节 研究缘起

长久以来，孤儿都是一个沉默的群体。他们很少发出自己的声音，即便是发声也很少被听到。只有当与孤儿有关的事件成为舆论焦点时，他们才重回社会大众视野，才引发人们的关注以及对弱势儿童群体保护的讨论，例如 2013 年发生在河南省兰考县的袁厉害事件[①]、2017 年四川格斗孤儿事件[②]等。在社会主流论述中，孤儿往往被视为社会上最弱小、最困难、最可怜的群体，这或多或少暗示了他们无法战胜逆境、发展状况堪忧。

2009 年，民政部启动了"孤儿助学工程"项目，委托三所高等职业学院负责实施，笔者就职的学校（以下简称"B 学院"）是其中之一。在 B 学院，具备高中文化程度（普通高中、中专、职高）的孤儿就读普通大专班或成人大专班，在校期间免收学费及杂费，并每月补助基本生活费。截至 2018 年年底，B 学院共招收了 1000 余名孤儿学生就读。因此，从 2009 年开始，笔者陆续接触到一些孤儿学生和他们的班主任、任课教师以及项目管理人员。在与教师、项目管理人员的交谈中，笔者经常听到他们描述孤儿学生呈现出明显的两极分化特点：一极是在学业、活动参与等方面表现良好的孤儿，另一极则是表现不佳、让老师们头疼的"问题"孤儿。在学习上，一些孤儿学生学习勤奋，成绩良好；而另一些则经常旷课，甚至因多门功课不及格被劝退学。在人际交往上，一些孤儿很会

[①] 该事件被列为"2013 年度慈善十大热点事件"之一，见杨团主编《慈善蓝皮书：中国慈善发展报告（2014）》，社会科学文献出版社，2014。

[②] 姚遥."格斗孤儿"：别以为格斗对他们更好.新京报，2017-8-10。

处理人情世故；而另一些则表现非常内向，不愿意和人交往。在心理上，一些孤儿表现出坚忍、独立、富有上进心，边上学边打工，对财务和未来发展有自己的规划；另一些则缺乏自信，思想消极，甚至绝望。这些差异很大的评价让笔者对孤儿心理社会发展状况感到疑惑：什么原因导致孤儿不同的发展结果？与普通青少年比较，除了失去父母，他们还经历了哪些逆境？生活中有哪些资源帮助他们抵抗风险？

恰巧，2013年笔者参加一个研究小组，对B学院"孤儿助学工程"项目的实施效果进行评估，引发了笔者对孤儿中的一个群体——社会散居孤儿更多的关注。与福利机构集中供养孤儿不同，这些失去了父母、分散在社会上的青少年主要由亲属抚养，大多数生活在农村。2005年之前，这些散居孤儿和他们面临的困难完全处在学术研究的视野之外（尚晓援，2008）[183]。在与一些散居孤儿接触和访谈的过程中，笔者为他们对困难的承受力、对辛苦的忍耐力，以及自立自强的精神感到惊叹，深深意识到他们中很多人并没有被艰难生活和多重压力所击倒，而是能够克服危机，获得正向成长。当笔者把这些感受与一位同行分享时，这位同行一副不相信的表情，惊诧地问："孤儿也有抗逆力？"他的观点反映了社会对这个群体共同的理解与想象：孤儿群体普遍脆弱，而且也反映出对孤儿群体所抱有的较低发展预期。

散居孤儿有抗逆力吗？要回答这个问题，我们或许需要将视线从缺陷/问题模式上挪开。20世纪七八十年代西方学术界对有着高危经历的儿童研究发现，许多身处逆境（例如父母罹患精神疾病、父母离异、遭受虐待、家庭贫困等）的儿童并没有像人们预期的那样普遍被逆境打倒，其发展结果呈现出多样性。一些儿童被逆境或压力击倒，患上心理疾病或出现行为问题，而另一些儿童发展得很好（Werner & Smith, 1982; Rutter, 1987）。上述发现使学者们开始反思危险因素导致发展受损的单向因果关系模式，并聚焦研究那些虽经历逆境却发展结果良好的儿童，以便发现儿童成功战胜逆境的因素和机制，从而设计帮助困境中的儿童成功适应的干预计划或政策。随着这一领域研究成果的积累，抗逆力概念被提出并逐渐获得认同，其理论也逐渐形成、发展和成熟。因此，本研究希望运用抗逆力理论对我国散居孤儿成长过程中所经历的风险和所展现出的抗逆力进行研究。

第二节　研究背景

根据民政部统计数据，2011至2015年期间，我国散居孤儿总数在40万人以上，从2016年开始，散居孤儿数量显著下降，但散居孤儿在孤儿总体中所占比例一直维持在80%左右，见表1-1。

表 1-1 2011—2018 年我国孤儿数

单位：万人

	2011	2012	2013	2014	2015	2016	2017	2018
孤儿数	50.9	57.0	54.9	52.5	50.2	46.0	41.0	30.5
集中供养孤儿	10.8	9.5	9.4	9.4	9.2	8.8	8.6	7.0
社会散居孤儿	40.1	47.5	45.5	43.2	41.0	37.3	32.4	23.5

资料来源：民政部，2011—2018 年社会服务发展统计公报。

上述统计认定的孤儿是指失去父母、查找不到生父母的未满 18 周岁的未成年人，包括父母去世或父母一方死亡另一方失踪的儿童，以及查找不到生父母的弃婴、弃儿。

另外，根据专家推测，我国目前大约有 60 万事实无父母抚养的"亚孤儿"，即父母失踪或弃养、父母服刑、父母重残等事实上无父母抚养儿童（王振耀，2015）。因为各种原因，这些儿童失去了父母监护，成长过程中面临多重风险，如果缺少适当的保护和支持，他们的身心发展将会产生严重的问题。很长一个时期我国弱势儿童福利政策不健全，许多事实无人抚养儿童或其他困境儿童无法获得相应政策保护，处于生存、发展的困境中，他们中的一些人被民政部门认定为"孤儿"才勉强获得了国家的保护。随着我国儿童福利政策发展和保护体系逐渐建立，对弱势儿童的分类更加细化、认定更加规范、保障更有针对性，原来不属于孤儿但被认定为孤儿的现象逐渐减少，这也是近年来我国孤儿总体规模呈现下降走势的原因之一。

长期以来，我国的孤儿福利政策呈现出二元结构。按照国家对儿童的照料责任，孤儿被划分为福利机构集中供养孤儿和社会散居孤儿两类。城市户籍的孤儿、在城市里发现的被遗弃的儿童主要由国办的儿童福利机构进行集中养育。我国的儿童福利机构由国家兴办，截至 2018 年年底，我国共有儿童福利机构 475 个，集中养育孤儿 7 万人[①]。机构养育是在一个相对封闭的院舍中由一群职业的养护者对儿童进行照顾，提供养、治、康、教等服务，即养护/保育、医疗、康复（针对残疾儿童）、教育（普通教育和残疾儿童特殊教育）。散居孤儿多数生活在农村，主要由亲友抚养。因为养护方式、生活环境的差异，以及所能获得的政府福利服务的不同，散居孤儿和福利机构养育孤儿有着不同的生活体验，经历了不同的成长轨迹。

近年来，纳入国家保护的弱势儿童范围逐渐扩大，从机构内集中养育的孤儿扩展到机构外由亲属抚养的孤儿，从孤儿扩展到其他弱势儿童群体。2010 年之

---

① 民政部，2018 年社会服务发展统计公报。

前，国家只对福利机构集中养育孤儿承担照顾责任，对散居孤儿的保障则主要通过最低生活保障、特困救助等社会政策覆盖。2010年国务院办公厅发布《关于加强孤儿保障工作的意见》（国办发〔2010〕54号），正式建立孤儿基本生活保障制度。孤儿保护的对象从福利机构集中养育的孤儿拓展到社会散居孤儿，散居孤儿获得了国家提供的生活津贴[①]。2016年3月，国务院发布《关于加强农村留守儿童关爱保护工作的意见》（国发〔2016〕13号），提出建立和完善农村留守儿童关爱服务体系和救助保护机制，改善留守儿童因为与父母长期分离导致的亲情关爱缺失、心理健康受损、易遭受侵害等问题。2016年6月，国务院出台了《关于加强困境儿童保障工作的意见》（国发〔2016〕36号），贫困儿童、残疾儿童，以及因监护缺失或不当导致人身安全受到威胁或侵害的儿童开始被纳入到国家保护范畴。2019年民政部等12部门发布《关于进一步加强事实无人抚养儿童保障工作的意见》（民发〔2019〕62号），首次从国家政策层面明确了"事实无人抚养儿童"的界定，并纳入国家保护范畴。

弱势儿童保护的内容也从生存保障开始向儿童综合发展、权利保护转变。例如，针对父母或者其他监护人性侵害、出卖、遗弃、虐待、暴力伤害未成年人，教唆、利用未成年人实施违法犯罪行为，胁迫、诱骗、利用未成年人乞讨，以及不履行监护职责严重危害未成年人身心健康等行为，最高人民法院等四部门发布《关于依法处理监护人侵害未成年人权益行为若干问题的意见》（法发〔2014〕24号），并于2015年1月起实施。该意见提出了具体的干预措施和干预机制，以保护未成年人的合法权益。2019年7月民政部发布《"福彩圆梦·孤儿助学工程"项目实施暂行办法》（民办发〔2019〕24号），自2019年起面向孤儿开展助学，资助对象为被认定为孤儿身份、年满18周岁后在普通全日制本科学校、普通全日制专科学校、高等职业学校等高等院校及中等职业学校就读的中专、大专、本科学生和硕博士研究生。资助标准为每人每学年1万元助学金。该项政策对孤儿是普惠性的，通过发放助学金保障他们的受教育权，鼓励他们接受更多教育。

但是，有关散居孤儿及其他弱势儿童的福利政策与干预实践仍然存在一些不足：理念上，重视补救性介入，预防性干预不足；内容上，重点在弱势儿童基本生活保障和安全保护，较少关注这些儿童的心理、社会需要，尚未对其综合发

[①] 为贯彻落实国务院办公厅《关于加强孤儿保障工作的意见》（国办发〔2010〕54号），民政部、财政部联合发布《关于发放孤儿基本生活费的通知》（民发〔2010〕161号），自2010年1月起为全国孤儿发放基本生活费，按机构供养孤儿不低于1000元/月、散居孤儿不低于600元/月的标准发放。该标准按照经济社会发展水平进行动态调整，原则是：福利机构养育孤儿年基本生活费标准按不低于上年度城镇居民家庭人均消费性支出的70%确定；社会散居孤儿年基本生活费标准按不低于福利机构孤儿基本生活费标准的60%确定。

展给予足够的重视；实践上，儿童福利服务的体制机制不健全，服务体系建设尤其是基层直接服务缺失，政策递送不畅。之所以存在这些不足，一方面是因为我们在理念上长期将儿童福利视为负担而不是投资，对儿童权利不够重视；另一方面还在于我们关于这些弱势儿童群体的认识不深，他们的生存发展、精神健康、生活机会、社会融入等状况未被充分揭示，影响这些儿童发展的因素多重性、发展结果的多样性未被充分研究。近年来，要求建立普遍性儿童福利制度的呼声日益高涨，不仅需要国家在儿童福利制度建设上做出回应和调整，而且需要理论学术界关注和重视儿童福利事业的研究，为相关政策选择提供理论背景和依据（郑功成，2015）。

同时，现有对散居孤儿及其他弱势儿童群体的研究也以缺陷/问题模式为主要取向，较多关注逆境导致的负向发展结果——生存困难、教育受阻、精神疾病、行为问题等。在这一视角下，散居孤儿很容易被视为"最可怜的人"，这种单一性的幻象导致了一种悲观的预期与消极的干预。从传统的风险范式转换到抗逆力范式，更多地关注那些适应良好的散居孤儿，挖掘他们积极的一面，我们可以识别促进他们抗逆力的保护性因素，并揭示抗逆力的机制。理解这些高危青少年的积极适应既具有理论上的意义，对相关政策及实践也有着现实意义。探索他们生活中的保护性因素及其机制，理解怎样的早期干预可以降低问题的发生率，我们就能据此完善相关政策，制定积极的预防措施，促进他们在更加健康的轨道上成长，而不是等到问题已经发生了再进行补救。

第三节 研究问题

本研究采用抗逆力理论视角，以受民政部"孤儿助学工程"项目资助、就读于高职学校的散居孤儿为样本，研究散居孤儿的多重困境、保护性因素以及抗逆过程。这些受资助的散居孤儿来自全国各地，年龄在20岁左右，处于青少年晚期或成年初期。成年初期属于人生发展中的转型时期，也是了解生命历程中优势和劣势积累的关键时间点（Settersten，2007）。

在迈向成年的生命历程中，儿童、青少年面临诸多风险因素。这些风险因素包括生物因素和环境因素，例如先天性缺陷、出生低体重、贫穷、儿童虐待、父母离婚、自然灾害等。这些威胁对儿童、青少年发展造成深远的影响。与其他青少年比较，没有父母保护的散居孤儿经历了哪些高风险因素？多重风险背后的机制是什么？本研究要回答的就是诸如此类的问题。

如第一节所述，尽管都经历了丧失父母等风险，散居孤儿也不是普遍脆弱，而是呈现出不同的发展结果：一些散居孤儿经历逆境后适应不良，而另一些却能从逆境中恢复、发展状况良好。因此，本研究将探究影响散居孤儿抗逆力的主要因素，这些因素的识别有助于进一步聚焦和理解是什么样的经历和社会因素使得这些散居孤儿生活好转，拥有了更好的适应和更大的成就。

散居孤儿主要由亲属抚养，亲属网络、家族乃至社区支持在散居孤儿的养育和保护中都是重要的资源和优势；作为深度参与儿童成长过程的正式组织之一——学校，也在散居孤儿的适应性发展过程中具有关键的和多方面的功能；社会政策尤其是针对孤儿的福利政策提供了诸如经济支持、教育机会等。除了这些外部保护性因素，散居孤儿自身也具有潜能和优势，他们在克服困难的过程中发展了自我修复的能力。因此，本研究注重探索那些帮助散居孤儿抵抗风险的外部保护性因素和内部保护性因素及其发挥作用的机制。

最后，更进一步，本研究探究个体与环境互动、保护性因素和风险因素相互作用下，散居孤儿所呈现的不同发展轨迹和结果，理解其抗逆过程和抗逆力发展结果。

综上，本研究的主要问题包括：

第一，散居孤儿成长过程中面临哪些风险因素？其特征为何？

第二，影响散居孤儿抗逆力的主要因素是什么？

第三，高抗逆力散居孤儿具有哪些关键的保护性因素？

第四，散居孤儿的抗逆过程是怎样的？在成年早期呈现出怎样的抗逆力发展结果？

第四节　研究意义

在儿童发展心理学、精神病学、社会学、社会工作等学科中，危险、保护和抗逆力等已经作为有用的概念，用来解释与儿童、青少年发展有关的现象和问题。运用抗逆力理论来研究我国散居孤儿发展具有一定的理论意义和实践价值。

首先，在理论层面，本研究有助于推动抗逆力理论的本土化发展，研究结果可以为人们理解中国国情和文化背景下儿童、青少年关键的保护性因素及抗逆过程与机制提供一定的启发。抗逆力理论产生、发展在西方，并建基于西方社会与文化土壤之上。与传统的关注危险因素和心理或行为问题之间关系的假设不同，抗逆力研究认识到逆境和压力对于儿童发展结果影响的多样性，并开始重点研究一些儿童何以身处困境仍能成功复原、适应良好。随着近半个世纪抗逆力研究的发展，有学者提出抗逆力是一种普遍存在的心理社会发展现象，是一种"平凡的魔力"（ordinary magic）（Masten，2001）。但跨文化的抗逆力研究——在非西方文化背景下对非西方人群的研究相对还比较缺乏（Ungar，2015）[121]。我国目前关于身处逆境的儿童、青少年的研究，大多关注其生存发展困境及其导致的负面后果，有关他们抗逆力的研究还较少。本研究尝试运用抗逆力理论视角对我国散居孤儿进行研究，希望从关注逆境导致的脆弱性、心理或行为问题转向更多探索为何一些青少年没有被危险、困难击倒的原因，揭示不利处境下儿童、青少年心理社会发展影响因素的多重性、过程的复杂性和结果的多样性，分析中国国情和文化背景下促进其抗逆力发展的关键保护性要素、抗逆过程及机制。研究结果将有助于理解在不同的社会、文化环境中抗逆力的处境性和脉络性，深化对社会心理逆境、保护性因素和抗逆力等概念的本土化理解，丰富抗逆力理论内涵，并将给有关抗逆力的其他本土研究提供有益的参照。

其次，在政策层面，本研究的发现将有助于孤儿及其他不利处境儿童政策的制定与完善。散居孤儿属于弱势群体中的弱势，社会边缘的边缘，也常常处于社会及学术界的关注视野之外。现有关于散居孤儿的研究大多聚焦于揭示他们生存困境、分析养护方式、讨论福利政策等，基本上都是从外部进行考察。本研究通过走近散居孤儿、倾听他们的声音，从个体境遇的角度出发理解其逆境经历与体验，对影响其心理社会功能的环境与个人的风险因素、保护性因素及其机制进行更多的探讨，这不仅能为今后的干预工作提供信息，而且也将为制定完善相关公共政策提供经验证据。

最后，在实务层面，本研究有助于在理解的基础上探讨如何为那些散居孤儿提供更加有效的服务。自诞生之初，抗逆力研究就有着强烈的实践取向。西方的抗逆力研究可以分为两类：一是对自然发生的抗逆力现象进行探索发现，发展概念并建构理论；二是开展干预研究，运用相关发现和理论来设计、实施抗逆力干预项目，再评估干预效果并检验相关假设。当前，我国政府和社会已开始重视孤儿、流浪儿童、贫困儿童、残疾儿童等不利处境儿童的生存和发展问题，着手建立儿童福利和保护体系，建立健全以儿童福利机构、未成年人保护中心、社区儿童之家等为载体的保护平台，在城乡基层社区设立儿童福利督导员或儿童权利监察员，构建县、乡、村（居）三级儿童保护工作网络。但是，我国目前有关这些儿童及其干预模式的研究还比较欠缺。在政策制定和一线服务上我们尽管可以参考西方的研究成果和实践经验，但因国情和文化环境不同，仅仅西方的研究和经验不足以帮助我们应对我国复杂的儿童福利和保护问题。本研究对我国散居孤儿的保护性因素及抗逆过程与机制的研究，相关发现可以为探索有效的孤儿抗逆力干预实务模式提供参考，有助于科学、系统地识别这群身处逆境的儿童、青少年所面临的风险和优势，从而调动资源，促进保护机制发挥作用，提升其抗逆力。

第二章 文献综述

第一节 相关概念界定

一、散居孤儿的界定

(一) 孤儿

在我国古代,"孤"一般指丧父。例如《孟子·梁惠王下》中说:"老而无妻曰鳏;老而无夫曰寡;老而无子曰独;幼而无父曰孤。此四者,天下之穷民而无告者。"另外,"失怙"一词也用以指称幼儿丧失了父亲。后来,"孤"也用来指年幼无父母的孩子。

孤儿的界定存在"双孤"(double orphan)和"单孤"(single orphan)两种不同认定标准。前者指儿童父母双亡,后者指仅儿童的父母一方死亡。现代社会对"孤儿"这一概念的界定,不仅涉及学术研究上的探讨,而且关系到需要国家保护的儿童范围大小和国家福利的责任。我国《收养法》1991年12月颁布后,民政部下发《关于在办理收养登记中严格区分孤儿与查找不到生父母的弃婴的通知》(民婚函〔1992〕263号),就孤儿认定及与查找不到生父母的弃婴的区别做了操作上的解释,指出《收养法》中所称的孤儿是指其父母死亡或人民法院宣告其父母死亡的不满十四周岁的未成年人,并要求在实践中审核孤儿身份时需提交有关部门出具的孤儿父母死亡证明书(正常死亡证明书由医疗卫生单位出具,非正常死亡证明书由县级以上公安部门出具)或人民法院宣告死亡的判决书。这份文件将孤儿认定为"双孤",而将"单孤"儿童排除在孤儿群体之外。当时,很多学者认识到这一界定外延过窄,不利于"单孤"儿童和其他事实上无父母抚养儿童的保护。在2004年中国孤儿状况调查中,尚晓援等学者对官方文件中的孤儿定义进行了修正，他们注意到了实际生活中，很多父亲死亡、母亲再嫁的儿童同样是无人照顾的。因此，在调查实践中他们将孤儿操作化定义为"双孤""爹死娘嫁人""失去父母照顾超过两年的儿童"（尚晓援等，2008）。

2010年11月，国务院发布《关于加强孤儿保障工作的意见》（国办发〔2010〕54号），文件中仍然将孤儿界定为"双孤"，认定孤儿是失去父母、查找不到生父母的未满18周岁的未成年人，操作上由地方县级以上民政部门依据有关规定和条件认定。事实上，在执行层面，地方政府在认定孤儿的实际操作中存在两难：范围限制过严，不利于那些需要保护的困境儿童；范围掌握过宽，则容易带来福利政策的负面效应，客观上导致一些未成年人父母或其他抚养义务人放弃应尽义务，将责任推给政府和社会（邹明明，2010）。之所以出现孤儿界定上的困难，一方面是因为概念上存在狭义的孤儿——"双孤"和广义的事实无父母抚养儿童之分，另一方面是因为我国的儿童福利制度在过去很长一段时期里关注的重点是孤儿和被父母遗弃的儿童，对那些因父母入狱、长期住院、欠缺照顾能力或被评估不适宜照顾子女等情形需要保护的儿童或青少年，国家在保护、监护与指导责任上尚存在缺位（刘继同，2010）。

（二）散居孤儿

散居孤儿是中国特有的一个术语，起源于我国二元的孤儿福利制度。按照国家对孤儿的照料责任，我国有院舍集中养育孤儿和分散在社会上的孤儿。国内使用不同的术语来指称分散在社会上的孤儿群体，常见的有"农村孤儿""分散供养孤儿"（尚晓援，2008；王正耀，2015）等，在官方文献中他们则被称为"社会散居孤儿"。为和现行政策对应，本研究沿用了官方称谓。

本研究的对象是散居孤儿，研究样本来源于受民政部"孤儿助学工程"项目资助就读于高职学校的学生。他们能获得资助的前提条件之一是被当地民政部门认定为孤儿身份。同时，从成长环境看，他们不是由民政部门监护、在福利机构生活长大的孤儿。因此，本研究所指的散居孤儿是指分散在社会上，由亲属监护、抚养的孤儿，他们被地方民政部门认定为孤儿身份，且绝大多数是双孤。

二、抗逆力的界定

（一）resilience的中文翻译

我国学者对resilience有数种翻译。在台湾，学者多将resilience译为复原力（施教裕，2009；曾华源，2012），而在香港，resilience则更多被译为抗逆力。大陆有学者将其译为心理弹性（席居哲、桑标，2002；曾守锤、李其维，2003），有学者译为心理韧性（胡月琴、甘怡群，2008）或者韧性（于肖楠、张建新，2005），也有一些学者译为抗逆力（田国秀，2006）。若论及大陆相关研究者的专业背景，可发现心理学界多采用心理弹性或心理韧性的译法，社会工作学界多采用抗逆力的译法。考虑到 resilience 已在不同的专业领域被广泛关注和认同，并已形成一定的学术交流习惯和共识，本研究对译法的适切性不做讨论，而是基于研究者本人的领域，采用我国社会工作学界常用译法"抗逆力"。

（二）抗逆力的不同定义

回顾有关抗逆力概念的文献，因学者所处时期、学科背景、社会文化，以及研究对象与内容的差异，对于抗逆力的定义也有较大不同。

视抗逆力为一种特质／品质／优点（qualitiy）。学者 Benard（1993）认为抗逆力是一组特质或保护性机制，使得个体在发展过程中尽管遭遇高风险因素但仍能成功适应。Linquanti（1992）也将抗逆力定义为个体所具有的一些特质，认为抗逆力儿童正是因为具有这些特质，尽管暴露于严重的压力或逆境但并未发生学业失败、药物滥用、心理疾病、少年犯罪等问题。

视抗逆力为一个过程。一些学者并不十分认可视抗逆力为个体特质的观点。知名的抗逆力研究学者 Rutter（1987）[317] 认为抗逆力不应被看作个体固定不变的品质，他强调环境变了，抗逆力也随之发生变化。一些人在他们生活的某一时点成功地应对了困难，但当处境改变时他们就不能很好地应对压力了。有学者视抗逆力为一个寻找资源以维持良好状态（well-being）的过程（Panter-Brick & Leckman, 2013）。

从生态视角理解抗逆力，更加关注个人与环境的互动。例如学者 Ungar（2015）[125] 认为不仅要理解个人，还要了解外界环境为其提供资源的能力，他将抗逆力定义为：在遭遇无论是心理上的、环境中的或者二者皆有的重大逆境或挫折的情境下，个体具备获得维持自己健康发展的资源的能力，这些资源包括健康发展体验的机会、个人的家庭境况、社区与文化提供的良好资源，以及具有深远意义的文化体验。

随着研究对象从个体的抗逆力扩展到家庭抗逆力、社区抗逆力、组织抗逆力或更大的系统，有关抗逆力的定义也更加具有整合性和通用性。例如 Masten（2018）[7] 将抗逆力定义为一个动态系统在遭遇失调，威胁其功能、生存或发展时，能够成功适应的（潜在的或可见的）能力。

可以发现，学者们对抗逆力内涵的界定有不同的侧重。因此，也有学者认为抗逆力概念的使用还未达到一致性（Lerner, 2006），也有学者认为抗逆力是一个最迷人也最难以捉摸的概念（Richman & Fraser, 2000）。但综合来看，在抗逆力研究领域，研究者们使用抗逆力来描述三种现象：(1) 尽管身处高风险处境，仍然获得好的发展结果；(2) 压力环境（例如持续的家庭矛盾和冲突）下保持了应对和适应能力；(3) 从创伤事件中恢复（Werner, 1995）。同时，识别个体的抗逆力需要两个条件，一是个体曾经经历或正在经历较严重的风险或逆境，二是个体恢复原有功能或适应更好，两者只要缺乏其中一种情形，就表明没有观察到抗逆力（Masten，2018）[9]。

第二节 抗逆力理论梳理

一、风险因素与保护性因素

逆境（adversity）、风险因素（risk factors）和保护性因素（protective factors）是理解抗逆力的关键概念。逆境，也被称为风险，通常包括与适应困难有关的消极生活环境（Luthar & Cicchetti，2000）。风险因素是增加或影响儿童及青少年不良后果概率的一个或多个因素（Richman & Fraser，2000）[2]。对风险因素的研究是抗逆力研究的前提。风险因素包括了个体的特征和环境因素。不过，抗逆力研究领域对于风险因素的关注重点是环境中的危险（Rutter，2013）[7]。环境中的风险因素包括了父母离婚或死亡、贫困、虐待或疏忽照顾、歧视与排斥等。

保护性因素是指那些有助于儿童和青少年抵制、甚或消除他们所冒危险的个体特征或环境条件（Richman & Fraser，2000）[4]。一般地，保护因素可以分为个人性保护因素和环境性保护因素两大类。个人性保护因素指个人拥有的特质和能力，包括社会技能、问题解决能力、自我效能感、幽默感、希望感、目的感等。环境性保护因素指支持性的人际关系以及资源、机会，包括与成人的健康依附关系、非正式支持网络、学校及社区参与机会等。

抗逆力研究对保护性因素的认识经历了从关注个体特质到关注人际关系、再到将其置于生态视角下理解的发展过程。早期的抗逆力研究关注个体力量，侧重于个体人格特质与能力的保护性因素。较高的智商、随和的性格、认知技能、社会技能、自尊、自我效能感、掌控感、乐观、幽默等特质都被学者们进行了研究，并发现对抗逆力有帮助。例如，Benard（1993，1995）发现具有抗逆力的儿童一般拥有五方面的特质：社会技能、问题解决技巧、反思意识、自主能力和目标意识，他们能够好好学、好好玩，懂得爱，对未来有适当的期望。其他学者也提出促进个体抗逆力的特征包括积极的自我概念、社交能力、智力和学术能力、自主性、自尊、良好的沟通和解决问题能力、幽默感以及良好的身心健康（Garmezy，1985）。

随着研究的深入发展，越来越多的学者发现，除了个体特质，人际关系对于理解抗逆力也很重要，因此家庭、社区与个体之间的关系和作用成了研究的焦点。Werner & Smith（1982，1992）关于不利处境中儿童抗逆力的长期研究发现，大部分有抗逆力的儿童从小就和至少一位照顾者建立了感情，通常是祖母、姐姐、姑妈或者其他照料的亲人，在学校、社区中各种支持性的人际关系也都发挥了重要作用。Werner（1996）从取得成功适应的高危儿童的研究中，提出了五类保护因素，既包括个体因素，也包括人际关系和更广泛的社会联结：

（1）个人的性格特征，这些性格特征有助于他/她从各种爱心人士（父母、教师、导师、朋友、配偶或同伴）那里获得积极的回应。

（2）正向的技能和价值观：相信有可能克服困难；现实的教育和职业计划；定期的家务和家庭责任。这些因素有助于孩子有效利用他们所拥有的一切能力。

（3）父母的特点和照顾方式：母亲的教育水平；家庭的规则和结构；对于女孩，母亲从事有报酬的工作。这些能促进孩子的能力，培养孩子的自尊。

（4）富有支持性的成年人：这些成年人包括祖父母、年长的导师、青年领袖和教会团体的成员。他们培养信任，并充当未来的看门人。

（5）各种机会：包括教育、参军、婚姻等。在关键的生活转折点，出现了开放性的机会，这改变了相当一部分高危青少年，使他们走向正常成年的轨道。

后来，对于抗逆力的研究越来越强调生态视角，考虑从更多层面、更大的背景脉络去看待保护性因素的影响，提出保护性因素存在于个体（心理特质与神经生物学特质）、家庭、学校、社区、文化之中。个人层面，例如社会技能、解决问题的能力、自我效能感、希望感等；家庭层面，包括抚养人的关爱和支持，抚养人对孩子学习、交友、行为的指导和监督，以及一贯的纪律要求；学校层面，包括教师对孩子的关心和支持，教师对学生的期望，学校对逃学、打架等行为的监管，参加课余活动的机会；社区层面，包括社区接纳、社区资源及机会提供（Luthar & Zelazo, 2003）。

一些研究者主张更大的生态系统观，指出社区以外的系统，如物理环境、社会阶级、生物因素、种族、灵性、贫穷、种族主义和社会政策等都对个体的抗逆力发挥作用，儿童、家庭、社区和社区以外的系统彼此之间也相互影响（Waller, 2001）。也有学者认为生态系统观还不够深入。例如 Seccombe（2002）就指出，生态系统观仍然把主要责任放在个人和结构层面的因素上，贫困以及其他风险并没有完全被视为更广泛的社会力量的副产品，贫困可能是工作机会不足、工资结构不平等、性别歧视或种族主义等结构性因素导致的后果；社会政策在抗逆力发展中扮演了重要角色，抗逆力研究需要在社会学的背景下，而不仅仅是在医学或心理学的框架内进行探索。

除了探索特定对象群体及其处境下的保护性因素，研究者们进一步发现，一些保护性因素在高风险条件和低风险条件下都显示出促进发展的作用，意味着这些因素构成了基础的、普遍的人类适应系统（Wright & Masten, 2005）。这些适应系统包括依恋关系的发展、道德和伦理发展、调节情绪、唤醒和行为的自控系统、掌控感和动机系统、神经行为和信息处理系统，还包括更广泛的文化环境、扩展家庭网络、宗教组织、其他提供发展资源的社会系统。这些系统具有多种功能，并对各种挑战积极响应（Masten，2014）。

二、抗逆力过程与机制

在确认抗逆力的存在、识别出促进抗逆力的保护性因素、发展抗逆力测量方法之后，抗逆力研究者开始将注意力转向形成抗逆力的过程。儿童与其环境之间的双向互动关系成为研究的焦点，抗逆力相关研究更多反映个体在发展路径和环境变量（家庭、社区、社会、文化和历史时期）上的差异。保护过程的环境特殊性（contextual specificity）、抗逆适应的稳定性和变化、文化对抗逆力的影响等议题被学者们进行了重点研究。

保护过程的环境特殊性是指研究者需要注意暴露于不同应激源的特定群体呈现出不同的适应，并细分针对特定个体哪些因素是具有保护性的，而不是笼统言之。例如，许多针对高风险儿童的研究发现亲密的人际关系和社会支持具有保护作用，但一项针对受虐儿童的跟踪研究发现这两个因素对于受虐儿童却不起作用（Cicchetti & Rogosch，1997）。研究也发现，一些因素能否被视为"保护性的"取决于儿童和环境其他方面的特征。例如，尽管积极的对未来期望和对个人能力的知觉普遍被认为是保护性的，但只有这些知觉是接近真实的才具有保护作用（Wyman et al.，1993）。

得益于长期跟踪研究的数据，学者们可以跨越较长时间持续研究个体的发展变化，并获得关于抗逆适应的稳定性和变化的规律。研究者们发现随着时间的推移，抗逆力发生的比率增加了。例如，Werner & Smith（1992）发现在青年时期存在较严重适应问题的高风险个体到了快30岁的时候大多数都恢复良好。究其原因，是随着岁月变化个体生活中的一些因素发生了改变，例如扩展了个人资源，获得了深造机会，与富于接纳、支持的另一半结婚，参军，获得了就业技能，等等，这些因素促进了个体的适应。另外，学者们还发现了转折点（turning points）的重要意义。转折点的发生经常伴随地位或环境的改变（例如收养、移民、获得高等教育机会、被营救、获得稳定的就业、成功的婚姻等），意味着个体发展路径持续、根本的改变。

关于文化对抗逆力影响的研究，学者们也有了诸多发现。首先，保护性因素常常植根于文化之中，特定文化中的传统、信念、支持系统等对逆境中的个体、家庭、社区发挥了保护功能。其次，随着抗逆力研究发展，有必要探索在一个群体中促进了抗逆力的因子多大程度上能移植到跨文化的群体中，以及在不同群体中发现的同一个因素是如何在不同的文化脉络下发挥作用的。例如，在个人主义、集体主义和家庭主义方面，不同文化有不同的价值选择，这些维度以不同方式对抗逆力产生了中介作用（Ungar，2008）。

Rutter（1987）[325-329] 从环境和个体两个层面对保护性机制进行了分析，指出保护人们免受与逆境相关的心理风险的机制主要涉及四个过程：

（1）降低风险因素对个人的影响。这一关键机制经由两种截然不同的途径发生：改变对风险因素的认知和评价；避免暴露或密切接触风险。第一条途径反映出大多数风险因素并不是独立于个体认知和评价过程的绝对因素，改变对风险因素的认知和评价可以缓解风险的影响。另一方法是减少产生风险影响的任务需求。例如，良好的婚姻支持降低了那些曾有过不良童年经历的妇女养育子女不当的可能性。降低风险影响的第二条途径是避免暴露于风险或降低风险接触的程度。例如，父母对儿童在家庭之外参与同辈群体活动的严格监督和监管降低了生活在高风险环境中儿童的犯罪风险。父母对儿童游戏和友谊的有效监测（通过了解他们的下落、同伴和活动情况），家长向孩子们提供明确的反馈，哪些行为形式是可以接受的，这些都可以引导年轻人远离危险，走向亲社会的同伴群体活动。

（2）减少风险暴露后的负面连锁反应。这些连锁反应在风险经历导致长期适应不良中起着关键作用。例如，幼儿时期丧失父母保护的不良影响可能源于伴随丧失而来的缺乏情感关爱或养育机构的接纳，而不是丧失本身。支持仍在世的父亲/母亲维持良好的养育职能，或提供高质量的替代性照料，都可以减少风险的负面连锁反应，它们都确保了儿童健康依附关系的连续性。

（3）建立、保持自尊与自我效能感。对自己价值的肯定，同时有信心和信念自己能够成功地应对生活中的挑战，这是个体的保护机制。两种类型的经历对提升自尊和自我效能感最具影响力：安全和谐的关爱关系和成功完成对个人重要的任务。

（4）开放机会。机会的开放也关系到人们生活的转折点。它的运作在教育过程中最为明显，因为考试的成功提供了高等教育的通行证或技能工作的证书，从而增加了获得保护性经验的机会。推迟怀孕和结婚增加了扩大生活圈子、扩展社会网络的机会，从而扩大了婚姻伴侣的选择范围。

前两个过程涉及的是环境中保护性因素的影响，后两个过程涉及个体保护性因素的作用。Rutter（2013）[5] 进一步强调抗逆力研究关注的焦点应该是保护过程（protective processes）或机制，而不是静态的特质。

三、抗逆力的模型

随着抗逆力研究发展，许多抗逆力的研究者通过建构模型来描述和解释抗逆力作用过程，发展抗逆力的理论。他们不仅关注保护性因素发挥作用的过程与机制，也关注个体与环境相互作用、风险因素与保护性因素互动的过程及其导致的发展结果。比较典型的是 Kumpfer 提出的抗逆力框架模型和 Richardson 等人提出的抗逆力过程模型。

Kumpfer（1999）的抗逆力框架模型对抗逆力的起点、过程和结果进行了完整呈现，对个体和环境各自的运作及两者的相互作用、抗逆过程和抗逆重构结果做出了详细分析。第一，抗逆力的起点是压力源或挑战，打破了原有的平衡状态。第二，危险的出现使得存在于家庭、文化、社区、学校、同辈群体之中的风险因素和保护性因素做出反应，并相互作用。第三，于是个体与环境的交互作用随之发生，个体或者调整对环境的认知与评价，或者去改变环境、主动应对环境。第四，与此同时，个体内在的抗逆力因素也在发生作用，包括个体在身体、认知、情感、行为和精神层面的运作。第五，个体与环境的抗逆互动、个体内在抗逆力的运作之间也是相互影响的，构成了新的、整合的抗逆过程（resilience processes）。第六，抗逆结果，包括三种可能：抗逆重构、适应、适应不良性重构。抗逆重构是一种理想的发展结果，个体不仅适应良好，而且逆境经历激发出了个体更高的抗逆力。适应不良性重构是个体被逆境打败，出现了适应不良问题，处境变得更加糟糕。适应属于中间状态，是指个体从逆境中恢复，复原到挑战发生之前的状态。该模型包括四个影响范畴：真实的压力或挑战、环境脉络、个体内在特征和结果，同时包含了范畴之间两个交互作用的点：环境与个体、个体与可能的发展结果，完整呈现了抗逆力过程与机制，是一个有用的抗逆力研究框架。

Richardson et al.（1990）提出抗逆过程模型有三个关键概念：身心灵平衡（biopsychospiritual homeostasis）、瓦解（disorganization）和重新整合（reintegration）。在压力、逆境或生活事件的冲击下，环境社会保护过程与个体身心灵保护性因素一起启动，共同抵抗风险。如果此时保护过程足以抵抗危险，则个体仍能维持平衡状态；若不能，则个体的身心灵平衡被打破，导致瓦解、无序的状态。瓦解意味着个人世界的完整运行方式改变了，个体要面对新的难题，他/她感到受伤、失落、愧疚、害怕、困惑和迷茫。但瓦解也意味着改变，环境社会提升过程、环境社会支持过程促进个体重新整合，有四种可能的发展结果：抗逆力重构、恢复平衡重构、适应不良重构和功能失调重构。抗逆过程模型如图 2-1 所示。

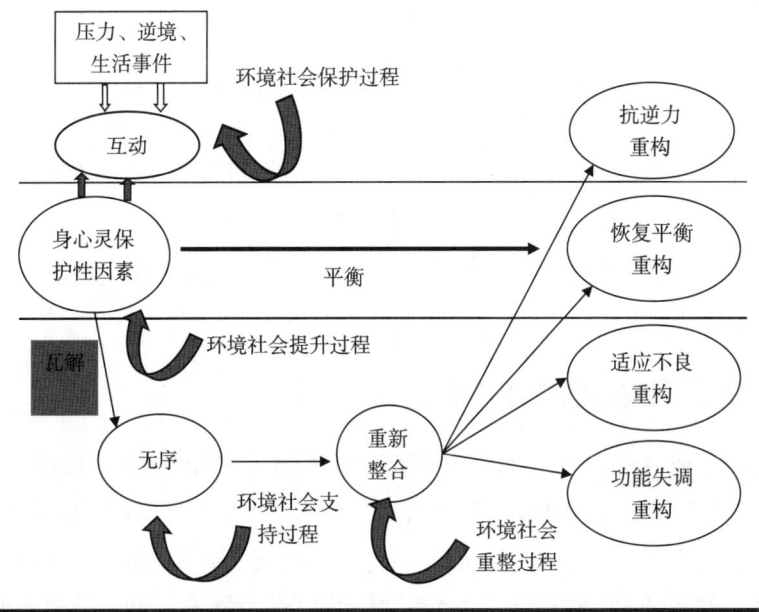

图 2-1 抗逆过程模型

资料来源：Glenn E. Richardson, Brad L. Neiger, Susan Jensen & Karol L. Kumpfer (1990) The Resiliency Model, Health Education, 21:6, 33-39.

经历了瓦解之后的重新整合呈现不同的抗逆力水平。不同的环境因素、个体因素及其他因素都会导致个体适应状况和抗逆力水平的差异。抗逆力重构是经历逆境之后最佳的适应水平，通过重新整合过程，个体学习了新技能，有了更多的自我理解，对个人、环境、社会的相互关系及影响有了更好的理解。抗逆力适应的关键是从应对经验、保护过程中获益，一个有抗逆力的个体通过这段经历能够把自己的生活重新安排，让自己拥有更多的保护因素和技能，以便在未来面对类似的挑战时能更有效地适应。自我平衡重构是个体为了恢复到负面生活事件之前的相同功能水平而进行抗争。尽管在相同的水平上实现了身心灵平衡，但个体并没有真正从经验中学习成长，获得创造性或系统性的问题解决能力。这些个体还会遇到相同或相似的问题，并继续处理不当。适应不良重构代表了这样一种情况，即负面生活事件的影响是如此的强烈，以至于个体在一个较低水平重整了他/她的世界观，个体拥有比以前更少的保护技能。在生活事件发生之前，这些人可能有良好的自尊、冒险和挑战精神、高期望和内在控制，但在失败面前，他们失去了这些特质，变得接受、顺从于低抗逆力状态。功能失调性重构反映了某种形式心理治疗的需要。个体通过使用精神类物质、退行到精神障碍症候群、自杀或其他功能失调方式重新整合，他们需要心理治疗师的介入。

第三节 抗逆力测量方法回顾

对个体抗逆力的判断涉及两个要件：一是个体曾经历或正在经历逆境；二是尽管如此，个体还是获得了良好发展结果。在抗逆力研究过程中，学者们一直追求就抗逆力的概念性定义达成共识，并致力于抗逆力概念新的操作化，以寻找更有效的测量方式。

一、关于抗逆力的操作性定义

在抗逆力研究中，关于如何识别"适应良好"，学者们存在诸多分歧和争议。首先，在测量发展功能时应该涵盖多少个领域才足够？早期研究中，研究者们通过一个或几个有限的指标（例如有无犯罪记录、有无心理疾患等）来评定发展功能。不同研究在评估指标上的侧重也导致了"外显"和"内隐"的争论，即经历重大逆境后，那些从社会行为（例如学业成就、工作、人际关系等）看反映出成功适应的青少年经常与隐蔽的心理困难做斗争，如抑郁症和创伤后应激障碍（Luthar, Doernberger & Zigler, 1993）。后来，学者们发展了更为全面的评估方案，例如发展任务层级表（developmental cascades），该表中每个年龄阶段对应着相应的主要发展任务（涉及生理、情绪、认知、道德和行为等多个领域），这些发展任务构成了人们对某一特定年龄的个体发展状况的预期（Masten & Coatsworth, 1998）。若特定年龄的个体虽处境不利但完成或较好完成了相应的发展任务，便可称其为具有抗逆力的个体（Wright & Masten, 2005）。虽然发展任务层级表涵盖的发展领域比较全面，但从应用角度看，与其说是一种可供操作的方法，不如说是一种抗逆力评估方法论，使用此法进行的研究凤毛麟角，可操作性尚需进一步提升（席居哲、左志宏，2009）。

其次，对"适应良好"的定义也存在高或低的程度问题。如果逆境被定义在较低的标准，就可能会使更大比例的青少年被定义为"有抗逆力"；如果将危险定义在较高水平（例如数个危险因素），就可能会使被定义为"有抗逆力"的青少年的比例大幅度下降（Fraser & Richman, 2000）[189]。同样地，个体在某个（些）领域达到较高的标准——表现优异、出类拔萃才算"适应良好"，还是达到平均水平就算得上是有抗逆力（Luthar & Zigler, 1991）？

相关的分歧还包括恰当的测量时点选择，即什么时候测量个体的发展功能才合适。

二、关于抗逆力的测量方法

从测量方法和工具看，已有研究所使用的抗逆力甄别方法主要包括简捷质性判别法、简明量化判定法、心理量表评估法和汇聚操作评估法等（席居哲、左志宏，2009）。

简捷质性判别法是基于个体发展的现象学证据，将那些经历了或正在经历严重逆境但身心功能未出现发展性损伤甚至好过预期的个体，判定为有抗逆力者。这种单一个案研究的价值在于从现象学角度直观生动地描述了抗逆力现象，并能从对个案的洞察中提取思想火花和灵感，为后续的研究提供有用的线索。抗逆力研究的先驱之一 Garmezy（1982，1984；转引自 Masten，2014）、知名学者 Masten（2014）都进行过个案研究，并从中获得了理论发现的灵感。Masten 持续观察过一个名叫迈克的个案。迈克的童年在一个充斥着酗酒和暴力的混乱家庭环境中度过，青少年阶段时有违法乱纪行为，人生之路颠簸下行。但是成年后的迈克成为一位成功的外科医生。迈克的人生发展在成年阶段发生逆转，代表了"大器晚成（late bloomer）"这一典型的抗逆现象，主要原因在于"机会窗口（window of opportunity）"的开启。在步入成年人阶段的过程中，伴随着大脑发育和功能增强，年轻个体的计划能力、动机激发和对未来的定向均有长足进步，此时，一旦社会环境提供发展机会如参军、教育深造或技能训练、拥有合法迁徙自由、个人生活的重新定位等，这些青年的人生发展轨迹就会大不一样。

简明量化判定法是对于发展状况/结果的评估，通过一个或几个有限的指标制成标准化或自编的工具（例如心理社会问题比率、有无犯罪记录、有无心理疾患等）来评定发展功能。例如，Werner 和 Smith 在夏威夷开展的考艾岛抗逆力长程研究（Kauai longitudinal study of resilience）（Werner & Smith，1982，1992，2001）。这项研究选取了 1955 年出生儿童组成的"出生组"，根据两岁之前存在的风险指标，将累计风险得分为 4 分及以上的儿童归为高风险组，并以心理社会问题比率来确定发展状况。经测量，高风险组中的多数儿童（大约三分之二）在 10 岁或 18 岁时存在显著的问题，但有三分之一的儿童适应良好，被视为抗逆力子群体。

心理量表评估法是通过编订好的抗逆力量表来对研究对象的抗逆力进行量化研究的方法。在抗逆力研究领域，研究者们编制了若干适用于青少年的标准化量表来考察抗逆力水平。Connor 和 Davidson 所编制的抗逆力量表（CD-RISC）是其中的典型代表（Connor & Davidson，2003）。该量表被翻译成多种文字，在许多国家和地区得到运用、检验和修订，该量表侧重于测量有利于促进个体适应逆境的积极心理品质，在我国人群的应用中，呈现出坚韧、自强和乐观三个维度

（于肖楠、张建新，2007）。Ungar 领导的一个跨国研究团队在生态学理论指导下开发的"儿童及青少年抗逆力测量（CYRM）"问卷也是被国内研究者关注较多的抗逆力测量工具（向小平、田国秀、王曦影等，2014）。它包含 28 个条目，在研究和设计该量表时研究者们考虑了文化敏感性。该量表在不同国家、多种文化情境下被使用。上述心理量表主要采取自评方式，由被试者自己对照量表的条目根据实际情况和感受作答。

汇聚操作评估法是从多信息源、多角度、多领域、多途径对研究对象抗逆力进行全面系统的评估。从信息来源看，包括定量数据和定性描述；从途径看，包括自评和他评；从领域看，包括外显行为和内在的心理状况。汇聚操作评估法认为考虑单一来源信息有更大偏差可能性，而综合多种信息源、兼顾多角度和多领域的汇聚操作式评估则有望克服单一信息源和粗线条评估的不足（席居哲、左志宏，2009）。

第四节 孤儿抗逆力研究回顾

梳理国内外与孤儿抗逆力有关的研究文献，发现这些研究的对象主要是发展中国家例如非洲一些国家、中国等的孤儿，研究内容主要关注孤儿成长过程中风险因素的识别、抗逆力的影响因素分析等方面。

一、孤儿面临的风险因素

有学者归纳了中国农村孤儿在成长中面临的困难和挑战，包括家庭经济困难、养护结构脆弱、辍学风险、父系扩展家庭抚养的局限性、政府作用的缺位等（尚晓援，2008）[208-209]。这些困难也是其他国家孤儿共同面临的挑战。一项在肯尼亚的研究指出，与罹孤经历相比，孤儿的脆弱性与贫困、邻里特征等关系更为密切（Fotso, Holding & Ezeh, 2009）。在教育方面，撒哈拉以南非洲国家孤儿的入学率要比与他们生活在一起的非孤儿低，孤儿入学率较低的主要原因是孤儿更多与远亲或不相关的照顾者住在一起（Case, Paxson & Ableidinger, 2004）。对于那些受艾滋病影响的孤儿，其处境更加脆弱，他们经历了身体、社会和制度上的污名，受到同龄人、照料者和教师的歧视（Thupayagale-Tshweneagae & Mokomane, 2012）。

不少研究关注到孤儿出现精神健康问题的风险比较高，并且对他们的发展具有长期影响。与非丧亲儿童比较，丧亲后儿童呈现出更高的焦虑/抑郁发生率、社交退缩和更低的自尊；不过，在他们父母去世两年后，在身体症状和外显症状上丧亲儿童与非丧亲儿童已没有显著的差异（Worden, 1996）。有学者提出，相对于物质需求，中国农村孤儿的精神需求更容易被忽视（赖素莹，2006）。对唐山地震、汶川地震孤儿的研究显示，在地震中失去父母而成为孤儿的儿童更容易罹患创伤后应激障碍（张本等，2000；柳铭心等，2010）。2003年联合国儿童基金会（Xu et al.，2006）对中国艾滋孤儿的调查揭示，几乎所有的被访孤儿表示父母死亡时情绪低落，但仅仅4%的孤儿与他人分享过自己的感受，相反地，37%的孤儿表示对于遭遇的痛苦他们想要做的唯一的事是"隐藏在心里"，35%的孤儿说他们不想告诉别人，还有16%的孤儿表示不知道可以告诉谁。学者G. ZHAO（2007）对中国受艾滋病影响孤儿的研究发现，孤儿潜在但尖锐的心理问题包括绝望、焦虑、孤独、社交退缩、丧失希望感、隐藏情感。何忠虎（2008）对河南省柘城县186名8~15岁艾滋病致孤儿童的调查发现，孤儿在心理健康和生活质量方面存在显著脆弱性，体现为更低的自尊水平、更高的抑郁水平，低自尊与抑郁等不良心理状态对降低儿童生活质量有重要影响。

心理学研究者和哀伤理论研究者区分了丧亲（bereavement）、哀伤（grief）和哀悼（mourning）。哀伤是个体遭遇丧亲时体验到的一种正常反应，而哀悼既是一个内在精神反应过程，也是针对哀伤的文化回应（Rando，1984；Sanders，1986）。相关研究揭示了影响孤儿精神健康的因素，这些因素也是阻碍孤儿健康成长的风险因素。在乌干达的研究发现，领养父母和学校没能提供孤儿青少年所需要的情感支持：大多数领养父母因为缺乏关于心理问题的知识而无法提供情感支持，学校教师也不知道如何识别心理社会问题，无法给予更多针对性的关注（Sengendo & Nambi，1997）。一项在津巴布韦的研究发现，虽然许多孤儿希望就父母的疾病和死亡与成年人进行沟通，但无论是生病的父母、家庭中的其他亲属还是父母去世后的照料者，往往没有能力识别和处理儿童内心的痛苦（Wood，Chase & Aggleton，2006）。学者G.ZHAO（2007）也指出，在中国文化中，过多地表达哀伤和进行哀悼被认为是不适宜的，个体表达太多的情感往往会被视为精神"软弱"，因此，丧亲的儿童表达他们哀伤情绪的需要被社会忽视或者误解了。研究者Daniel（2007）用"文化沉默"（cultural silence）来解释文化所造成不利于儿童表达哀伤情绪的障碍，指出文化沉默经常是根深蒂固的文化禁忌的产物，与儿童公开地谈论性和死亡即属于此类文化禁忌，它阻碍了丧亲儿童获得情绪宣泄与支持，更加剧了他们的脆弱性。

二、影响孤儿抗逆力的因素

在外部保护因素方面，研究者发现父系扩展家庭和宗族网络在中国农村孤儿保护中发挥着主导作用，为孤儿提供了基本的养育和照顾，但国家和社区发挥的作用非常有限（尚晓援、刘浪，2006；王飞鹏，2010）。针对祖父母抚养孤儿的研究发现，祖父母应对技能高、低龄、社会经济地位高的孤儿具有更好的个人复原能力，祖父母身体和精神健康状况良好的孤儿具有较高的抗逆力（Mhaka-Mutepfa, Mpofu & Cumming，2015）。对经历了汶川地震青少年的研究发现，社会支持可以帮助青少年更好地面对创伤事件，并且超越创伤事件之前的适应水平，来源于父母、老师、朋友、同学和学校等的社会支持水平越高可以带来更多的创伤后成长（杨凡、林沐雨、钱铭怡，2010）。

个体的控制观（locus of control）是影响丧亲之后孤儿精神健康的重要因素之一（Sengendo & Nambi, 1997）。外控取向的个体认定自己的生活是由自身以外的因素（如运气、命运、环境因素等）所控制的，内控取向的个体则认为自己能够掌控自己的命运，可以选择和驾驭自己的生活。外控取向和低自尊的个体有更高的精神健康风险。

研究者发现，经历完整的哀伤过程有助于丧亲个体从哀伤中复原，获得内在心理重组与平衡。如果不能成功完成各个阶段，丧亲个体很可能发展成复杂性哀伤，影响以后的心理健康和社会适应。研究者Daniel（2005）运用人类学概念"通过仪式"（rites of passage）分析博茨瓦纳孤儿在丧亲这一特定的生命阶段与社会的关联及转变。这一通过仪式包含三个阶段：分离阶段（separation），与原本的结构位置"儿子"或"女儿"分离；中介阶段（liminality），一个举行哀悼仪式、葬礼的阶段；整合阶段（incorporation），最后个体以一个新的身份——"没有父母的孩子"被重整进社会关系网络，并开启新的生命阶段，完成跨越仪式。一些儿童完成了上述三个阶段，顺利整合到新的位置和角色，呈现出较强的抗逆力；而对于另一些儿童，中介阶段延长了，他们未能整合进新的社会关系网络，处于边缘化状态，苦苦挣扎于"归属"、"接纳"与"成员身份"的困惑。Daniel（2005）也指出，博茨瓦纳的许多孤儿被排除在父母的葬礼之外，他们在结构上是看不见的。对于另一些孤儿来说，他们完成了三个阶段，这种转变导致他们明确地整合到一个新的地位和角色。这些孤儿往往很有抗逆力，能很好地应对孤儿生活。

三、孤儿抗逆力研究存在的不足

从上述文献梳理可以发现，现有关于孤儿抗逆力的研究存在许多不足：

第一，有关我国散居孤儿抗逆力的研究文献比较缺乏，学术界对此的关注不够。孤儿是社会最边缘的群体之一，相对于留守儿童等其他弱势儿童，他们的规模较小，且更加分散。有关他们的媒体报道、介绍很少，社会大众对他们的关注比较缺乏，学术界也缺乏对他们的系统研究。

第二，现有关于孤儿研究的样本量比较小，在研究方式上更多是通过外部观察和探访来进行。孤儿分散在社会上，组织大规模的调查或进行长期观察意味着更多的工作，以及时间和资源的付出。样本规模较小或样本集中于某个地区范围，会导致相关研究缺乏代表性，无法进行有效推论。另外，已有研究中孤儿的参与不足，未能发出他们自己的声音。研究者与孤儿之间较远的距离也导致研究者很难细微地了解孤儿曲折的经历、复杂的内心和深层的意义建构，也带来理解和分析上的困难。

第三，现有的研究大多采取缺陷／问题模式，更多关注那些分散在社会上的孤儿面临的创伤、痛苦和困难，探讨他们如何利用外部保护性因素和内在优势应对困境的动态过程的研究还很少。研究视角影响了我们观察社会现象所聚焦的范围。正如 Saleebey（2004）[20] 所指，创伤、虐待和疾病具有伤害性，但它们也可能是挑战和机遇，人们可以超越困难，实现转变和成长。青少年更是积极发展的个体，一旦有合适的机会，他们就能启动改变的发动机。从优势视角出发，抗逆力研究的目的是理解人们如何战胜逆境，并分析其中的原因。

第四，现有关于散居孤儿保护性因素及其机制的研究还不够系统和深入。首先，对保护性因素的研究和识别比较零散，未能从生态系统角度和生命历程角度进行系统的梳理和分析，从而研究结果对干预实践的指导意义不足。其次，尽管识别了一些保护性因素例如扩展家庭、社会支持等，但保护性因素的多样性与复杂性、内外保护性因素的互动等还有待深入探讨，关键的保护性因素还需要细致的筛选识别，保护过程与机制也需要进一步充分的揭示。

第五，缺乏在具体国情和本土文化下的关照。基于政治制度、经济发展、文化和社会传统等原因，我国的儿童福利和保护有其独特性，与西方模式有较大的差异。现有关于弱势儿童抗逆力的研究大多来自西方国家，尽管为我们理解中国弱势儿童的处境与保护提供了不少理论认识和经验证据，但是，这些发现不能完全照搬和移植到我国弱势儿童福利制度设计和干预服务中来。

本研究试图弥补已有研究的不足，探索在中国社会、文化、政策情境下散居孤儿的逆境经验和保护过程，并将抗逆力的研究从心理学框架内扩展到社会学的背景下。相比于以往研究，本研究不再过于专注问题和缺陷，而是把目光更多投向转变和希望的可能性，充分揭示散居孤儿关键的保护性因素以及抗逆力的过程与机制。

第五节 本研究的分析框架

受启发于上述文献，本研究基于危险和抗逆力导向（risk and resilience orientation）的理论框架，并结合了 Bronfenbrenner 提出的生态发展理论，建构了如图 2-2 所示的分析框架去探讨散居孤儿的逆境经历与抗逆过程。

Bronfenbrenner（1974）提出儿童的生态环境由两个同心层组成，第一层叠加在第二层之上。最上层，也是最显而易见的是近体因素（the immediate setting），包含儿童与家庭、学校、街道、游乐场、营地等频繁互动。每一个因素都可以从三个维度来看：(1) 物理空间；(2) 对孩子来说具有不同角色和关系的人；(3) 人们彼此或与儿童之间的活动，以及这些活动的社会意义。第二层是支持层和环绕层，近体因素嵌入其中，并且它限制和塑造了近体因素可能发生和实际发生的事情，包括：(1) 地理和物理环境，例如人们居住的住房项目；(2) 制度-社会系统，它影响了近体因素可能发生的事情。它不仅仅是社会阶层，还有更明确的制度，如公共健康服务、家庭服务等。之后，Bronfenbrenner（1979）进一步拓展了发展生态学的理解，在他看来人类发展的生态环境包括四个层面：微观系统、中观系统、外围系统和宏观系统，不仅包括与儿童生活紧密相关、比较贴近的情境因素例如家庭、同辈群体，还包括更大的社区、社会制度和文化等。这些因素是影响和塑造人类发展的力量，个人与环境之间发生着双向互动和相互适应的过程。

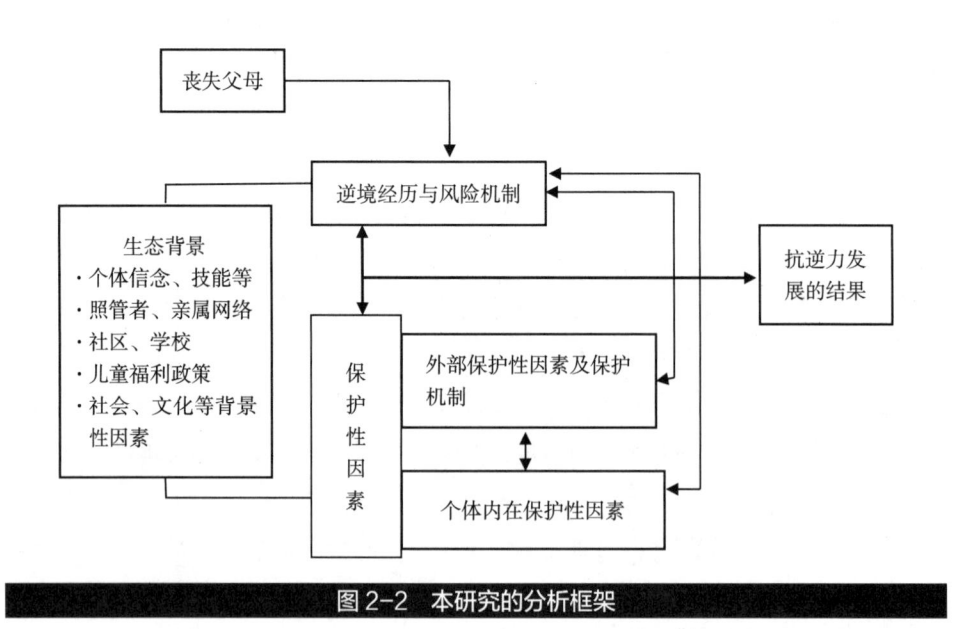

图 2-2　本研究的分析框架

本研究的分析框架（图 2-2）试图将散居孤儿的风险与抗逆力置于其生态环境中进行探究，识别他们丧失父母后生存发展环境中的主要风险因素和关键的保护性因素及其机制。尽管许多研究都致力于了解导致抗逆力的原因并制定干预措施以促进抗逆力，但在抗逆力的讨论上常常将其局限于个人内部。因此，有学者呼吁将抗逆力视为多层面和多层次的建构，抗逆力研究应在其方法中考虑个体的社会生态，设计涉及系统层面变量（system-level variables）的抗逆力研究（Shaw，Mclean，Taylor，et al.，2016）。因此，本研究将与儿童有关的公共政策、孤儿福利政策，以及城乡差异、民族差异等社会结构因素视为散居孤儿生态环境的构成要素，并分析其在散居孤儿抗逆力发展中扮演的角色。

该框架假定外部保护性因素与个体内在保护性因素相互作用，合力抵抗逆境，构成了散居孤儿的抗逆过程，并最终决定了其抗逆力发展的结果。该框架强调散居孤儿是能动的个体，他们的生存发展固然受到社会结构性因素的影响，但同时也在积极发挥自己的能动性，适应或改变他们所处的环境。

第三章 研究方法

第一节 研究方法选择

为了使研究发现更深入和丰富,并且从研究对象和目的出发,本研究采用以质性研究为主、定量研究为辅的混合研究方法。在青少年抗逆力研究领域,许多研究者支持使用质性和定量相结合的方法。例如,Ungar & Liebenberg(2013)认为抗逆力研究中混合研究方法可以在研究成果的质量和数量之间实现更好的平衡。

定量研究和质性研究分属不同的研究范式,各有其长处和短处。质性研究是指任何不是经由统计程序或其他量化手续而产生研究结果的方法(Strauss & Corbin,1997)。本研究选择使用质性研究方法,有两方面的考虑。首先,基于研究对象的特点。散居孤儿分散生活在不同地方,他们大多有着复杂的经历和多样生活背景,是一个个具体而微的个人,无不体现着"质的多样性"。其次,基于研究目的。本研究希望理解散居孤儿的逆境经历和经验,揭示其核心的保护性因素及其机制,分析保护性因素与风险因素相互作用的抗逆过程和结果。本研究的主要目的不是对已有的事实及其解释进行检验,而是探索和理解散居孤儿抗逆力这一现象,识别与散居孤儿抗逆力相关的要素,解释这些要素之间的关系。因此,研究者需要与受访散居孤儿建立信任关系,走近他们的内心,倾听他们的生活故事,了解他们成为孤儿后的抚养环境、人际关系、教育经历等具体事实,理解他们的所思所想,以及他们对自身经历所赋予的意义。

定量研究方法的长处有很多,例如适合较大范围地对社会现象进行统计调查,研究工具和资料收集标准化,适合对变量之间的关系进行研究等。本研究辅之以定量研究主要有两方面考虑。第一,通过定量研究描述样本群体抗逆力的总体水平,探索哪些因素对散居孤儿的抗逆力水平有影响。同时,定量研究发现也有助于质性研究的深入探讨。第二，抗逆力研究一般需要评估经历某些（种）逆境后青少年的抗逆力水平，并对较高抗逆力水平组与较低抗逆力水平组进行比较研究。如何评估对象的抗逆力水平，如何将"有抗逆力者"从较大规模的群体中筛选出来，需要定量研究。因此，本研究采用了抗逆力量表来评估样本群体的抗逆力水平，并区分出抗逆力得分高、中、低三个组，从中筛选深度访谈的对象。这样，统计调查使得质性研究可以有目的地选择信息提供者。

基于上述考虑，笔者最终选择了混合研究方法开展此项研究。在定量研究和质性研究相结合的方式上，本研究选择了 Maxwell（1995）提出的整体式结合中的顺序设计方案。Maxwell 将理想的结合方式分为整体式结合和分解式结合两种类型。整体式结合的方式是将定量研究和质性研究当成彼此分开的两个部分，在一个整体设计中将两部分完整结合起来。在整体式结合中可以有三种不同的设计方案：顺序设计、平行设计和分叉设计。顺序设计是两种方法的使用存在一个前后顺序。在本研究的实际运用中，笔者首先使用定量方法，对一个散居孤儿样本群体进行问卷调查，探索他们的抗逆力状况及影响因素，然后，根据统计结果筛选出一些合适的对象进行了质性研究。定量研究考察的是研究对象当下的发展状况，属于横断面的调查，获得的是共时性认识；质性研究从研究对象的视角和生活叙事出发，考察他们的逆境经历与抗逆过程，能够获得历时性认识。

在本研究中，定量研究的主要目的是：(1) 通过问卷调查和统计分析来了解样本群体的抗逆力水平；(2) 初步识别哪些因素使得样本中的散居孤儿表现出不同的抗逆力；(3) 帮助质性研究有目的地选择深度访谈对象。定量研究假设性别、年龄、民族、户籍等社会人口变量，以及成为孤儿的时间、照管环境类型、精神健康状况、教育情况等是影响被调查散居孤儿抗逆力的主要因素。

质性研究中，研究者与受访散居孤儿一起回溯他们成为孤儿后的安置、生活、学习的经历，以达到以下目的：(1) 理解受访散居孤儿的逆境经验，细微地了解他们的曲折经历和深层的意义建构；(2) 从他们讲述的生活故事中识别关键保护性因素及其保护机制；(3) 分析在他们生活经历中保护性因素与风险因素如何相互作用，以及抗逆重构的结果。

第二节　研究对象

散居孤儿在我国孤儿群体中占比八成左右。从全国范围来看，他们的总体规模为 20 万~30 万。在某一特定地区，散居孤儿的数量不多，而且分布非常分散。要对这些分散在社会上的散居孤儿进行较大规模、系统科学的研究，组织起来难度比较大。因此，笔者选择了受民政部"孤儿助学工程"项目资助、就读于几所高职院校的散居孤儿作为研究对象。这些散居孤儿大学生为本研究提供了便利且经济的样本。从年龄看，他们大多20岁左右，处于青少年晚期或成年初期阶段，即一个迈向成年的过渡时期。他们中一部分人未满18周岁，一部分人的年龄则略微大于18周岁。

2009年民政部启动面向全国的"孤儿助学工程"项目时，选择B学院、C学院和Y学院作为该项目的实施院校，这三所学院的前身均为民政干部学校。2009至2017年期间，这三所学院共招收了2000余名孤儿学生入学就读。该项目使用福利彩票公益金对考入三所院校普通大专班和成人大专班的孤儿学生给予学费和住宿费减免，并补贴生活费。受项目资助的孤儿来自全国各地，既包括社会散居孤儿，也包括机构养育孤儿。他们中的大部分是参加全国统一高考、报考上述三所高职院校，被录取到校后接受资助。另外一部分是参加预科班补习功课之后再参加成人高考，通过者获得资助资格入校就读。

本研究采用定量研究和质性研究相结合的方法。在定量研究部分，本研究的样本是2018年5、6月期间在B学院、C学院、Y学院接受"孤儿助学工程"项目资助、在校就读的全部散居孤儿，他们的规模约为400人。考虑到实际研究中合适的对象较难获取，因此本研究将上述400余名孤儿全部纳入样本。

在质性研究部分，本研究的对象集中在笔者所在的B学院，原因有二：一是在B学院就读的孤儿人数在三所学校中是最多的；二是研究者本身资源的限制。在B学院，本研究采用目的性抽样方法选取30名散居孤儿作为深度访谈的个案。Maxwell（2007，转引自沈奕斐，2014）曾提出，目的性选取个案有四种目标：第一种目标是保证所选取的情景、个体以及活动具有代表性或者典型性；第二种是充分捕捉总体的差别性；第三种目标是有目的性地检验一些个案，如极端个案；第四种是可以建立特定的比较，以说明个体或者情景之间具有差异的原因。参考上述选取个案的原则，本研究个案的选择具体分为两个步骤：

首先，根据定量研究结果确定抗逆力得分高、中、低三个组。在三所学校中进行了问卷调查，通过问卷中设置的过滤性问题将其中的散居孤儿筛选出来，共计375份有效的散居孤儿调查问卷。375人中在B学院就读的有212名。问卷调查使用了儿童青少年抗逆力测量中文版（CYRM-C）用以评估对象的抗逆力水平。抗逆力量表的得分越高表明抗逆力水平越好，得分越低表明抗逆力水平越差。笔者以四分位数作为划分抗逆力得分高低的标准：B学院212名散居孤儿学生中，得分最高的25%为高抗逆力组，得分最低的25%为低抗逆力组，中位数正负二分之一标准差的为中抗逆力得分组。

其次，从抗逆力得分高、中、低三个组中各选取10人作为质性研究的个案，共30人。为了获得多样化的样本，使得发现更加深入和丰富，研究从每组中选取个案时考虑了成为孤儿的时间、照管类型、城乡背景、目前就读的年级等因素。在同等条件下，纳入了一些极端个案，例如在接近成年（18周岁）时成为孤儿的和在4岁之前成为孤儿的对象，自己独自生活的散居孤儿，以及被班主任视为"问题学生"的散居孤儿，这些个案不具有典型特征，但能使样本变得立体而丰富。

第三节　资料收集

在资料收集上，本研究使用了问卷调查、生活故事访谈等方法。

一、资料收集方法

（一）问卷调查

问卷的内容主要包括三个部分，见附录1。

1. 基本情况

被调查的散居孤儿个人资料，包括性别、年龄、民族、户籍、居住地、成为孤儿的时间、照管类型、目前就读专业和年级等。

2. 儿童青少年抗逆力测量中文版（CYRM-C）

由Ungar领导的一个跨国研究团队开发的儿童青少年抗逆力测量（CYRM-28）考虑了文化敏感性，是一个可在多种文化情境下使用的工具。它包含28个条目。学者向小平、田国秀、王曦影等人（2014）对它进行了修订，确定其中文版包含27题（删除了条目"我参与有组织的宗教活动"）。适用性研究的结果显示，该量表包括社会支持力、家庭支持力和个人抗逆力三个维度；修订后的量表具有良好的信效度，可用于测量我国青少年的抗逆力。因此，儿童青少年抗逆力测量中文版（CYRM-C）各项测量指标的答项为5级，从"完全不符合"到"完全符合"，分别赋值为1、2、3、4、5。每个青少年的抗逆力总分就是其对27个测量指标的回答所得分数的加总，总分分值的范围为27至135分，平均分分值范围为1至5分。抗逆力总分和平均分表示青少年抗逆力水平的高低，分数越高表明抗逆力水平越好，分数越低表明抗逆力水平越差。

3. 普通精神健康量表（GHQ-12）

与普通青少年不同，散居孤儿经历了父母早逝。丧亲经历、生活环境不稳定或不良、贫困等逆境容易导致散居孤儿的心理创伤。精神健康是研究散居孤儿抗逆力不能忽视的一个领域。鉴于儿童青少年抗逆力测量中文版（CYRM-C）强调个体从环境中搜寻和获取资源的能力（向小平、田国秀、王曦影等，2014），对精神健康关注不够，因此，本研究采用普通精神健康量表（GHQ-12）作为测量工具来评估调查样本的内在心理状况。普通精神健康量表（GHQ-12）是David

Goldberg 于 1972 年编制的自评问卷，用于询问被试者各种心理体验，广泛应用于社区人群心理健康的调查。与诊断量表不同，它并不针对特定的精神障碍或其他症状组合（张明园、何燕玲，2015）。普通精神健康量表（GHQ-12）共包括 12 个条目，各单项分别评定以下症状：（1）睡眠减少；（2）精神紧张；（3）注意力不能集中；（4）无用感；（5）不能面对问题；（6）做决定困难；（7）不能克服困难；（8）愉悦感丧失；（9）兴趣丧失；（10）抑郁；（11）自信心丧失；（12）无价值感。普通精神健康量表（GHQ-12）采用 4 级评分，按照 WHO 的评分方法，每题得分为 0 分或 1 分，总得分范围为 0~12 分，得分越低，说明发生心理障碍的可能性越小，反之可能性越大。普通精神健康量表（GHQ-12）的最佳分界值为 4 分，据此调查对象可区分为 GHQ 筛查阳性者（GHQ ≥ 4 分）和 GHQ 筛查阴性者（GHQ < 4 分）。在中国大陆的适宜性研究表明，该量表可作为精神流行病学调查和社区卫生服务识别心理障碍的筛选工具，具有较好的信度和效度（杨廷忠、黄丽、吴贞一，2003）。

问卷调查由研究者本人于 2018 年 5—6 月分别在 B 学院、C 学院、Y 学院完成。实施之前，研究者向三所学院主管助学项目的老师说明了研究目的、内容和方式，得到了他们的支持。实施调查时，请上述三位老师协助通知和组织在校的孤儿学生集中到大教室，并由研究者介绍了本人身份、研究目的和研究内容，对自愿参与、尊重个人隐私和保密原则做了说明和强调，并对问卷填写做了说明。为了便于之后跟踪确认问卷填答的准确性和筛选深度访谈对象，问卷在封页上要求被访者完整填写自己的学号。因此，根据统计结果筛选深度访谈对象时，使用学号就可在学籍管理数据库中方便地找到该学号对应的散居孤儿的相关信息。这样，既可保护问卷填答者的隐私，也可方便研究者后期找到合适的深度访谈对象。

问卷填写完成后，研究者进行现场收回。为了便于组织，集中起来填写问卷的既包括散居孤儿，也包括福利机构集中供养的孤儿。在问卷中设置了过滤性问题，可以将本研究的对象——散居孤儿筛选出来单独成为一个样本。

（二）生活故事访谈

质性研究的资料收集采用了生活故事访谈（life story interview）的方法。生活故事作为一种叙事方式，是从口述史、生命史以及其他民族志和田野研究方法演变而来的。与生活故事相近的概念包括生命历程（life course）、生命史（life history）和口述史（oral history）。这些概念在不同的意义下使用，存在一些差别。生命历程指的是一种社会界定的并按年龄分级的事件和角色模式，这种模式受文化和社会结构的历史性变迁的影响（埃尔德，2002）[421]。生命史是指在社会、文化和历史情境里，一个生命从出生到死亡的过程所发生的事件和经历（李强、邓建伟、晓筝，1999）。口述史则是访谈探讨过去的事件，通过积聚那些经历特定事件的谈话伙伴的故事，研究者重构了过去的历史（鲁宾，2010）。

生活故事作为一种质性研究方法，通常是在研究者的引导下，被访者尽可能完整和诚实地讲述他/她记忆中的生活，以及想让别人了解的事情（Atkinson，1998）。Bertaux & Kohli（1984）分析了生活故事研究在欧洲不同国家和美国所受到的不同程度的关注及其发展进程，归纳了生活故事研究的两个主要趋势：第一个趋势主要探讨社会生活中的象征意义和个体生活中的意义；第二个趋势是以民族志的方式将被访者视为报告人，目的是准确描述被访者在社会脉络中的生活轨迹，以揭示影响生活轨迹的社会关系模式与特殊过程。Etherington（2009）则认为生活故事让我们对人、对他们的文化以及他们如何在生活中创造变化有了多层次的理解：人们讲述和/或"展示"他们的遭遇时努力在理解过去并创造意义；故事的塑造和形式有助于讲述者（和听者）组织有关讲述者个人和社会生活的信息；他们是如何解释过去事件的；指导这些解释的价值观、信仰和经验；以及他们对未来的希望、意图和计划。

根据 Atkinson（1998）的论述，笔者整理了生活故事访谈的主要特征：(1) 生活故事在很大程度上是一种跨学科的方法。(2) 将个体的生活作为一个整体来看待，并进行深入的研究。(3) 可以从时间跨度上理解个体的生活，也可以理解个体如何与环境互动。(4) 讲述生活故事有多种方式，访谈以被访者最喜欢的形式和风格进行，研究者引导而非控制故事如何被讲述。(5) 生活故事访谈中，被访者是故事的叙述者，而研究者则是向导，在这个开放过程中相互合作、一起撰写和构建被访者的故事。(6) 不管采取什么形式，对于被访者和听众，生活故事总是给被讲述的生活带来秩序和意义，这是一种更好地了解过去和现在的方式。

为了引导访谈的进行，笔者事先准备了一个简短的半结构式提纲，见附录2。访谈提纲涉及的问题涵盖了受访孤儿从失去父母到当前的整个生命过程，并按从童年到成年早期的时间顺序列出。在不同的生命阶段关注一个主题或多个主题，并通过关注他/她生活中的思考、情感和意义来进一步拓展这个主题领域。在访谈过程中，笔者对访谈提纲进行灵活的调整和改进，整体的访谈是研究者和被访者的共同产物。每个散居孤儿都有自己独特的经历、故事和他们对自己生活的主观理解和阐释。在访谈过程中，研究者进行开放式提问、聆听，对被访者的故事表现出兴趣，对他们表达同理、关怀和温暖，逐渐走进被访孤儿的日常生活情境和生命历程。同时，研究者悬置自己的知识体系与立场，遵循被访者生活事件发生的过程，适度深入地关注一些生活细节，尽量避免先入为主的假设所导致的局限。

本研究访谈了 30 名散居孤儿。与每名被访者进行了 1~2 次面对面的访谈，视访谈对象经历的复杂程度、访谈深入程度、资料的饱和度等综合而定。每次访谈持续 1~3 个小时。征得被访者同意后对访谈过程进行录音。访谈结束后，如果被访者同意，研究者与被访者交换联系方式（QQ、微信、邮箱等），保持联系和沟通，以便追加访谈了解更多信息。

本研究也访谈了 30 名散居孤儿的大学班主任（辅导员）、质性研究所在地 B 学院主管孤儿助学项目的副院长和项目管理的老师，共计 11 人。同时，本研究还访谈了 S 孤儿职业技术学校和 J 孤儿学校的 3 位老师。S 孤儿职业技术学校主要为所在省符合条件的孤儿开展中等职业教育，J 孤儿学校属于省级的教育类福利机构，为本省孤儿提供义务教育、高中教育和职业教育。笔者所在的 B 学院招收的孤儿学生中有一些就来自这两所学校。这 3 位老师长期从事孤儿教育、服务工作，与青少年孤儿有较多的接触。他们从教师的角度，提供了丰富的观察资料和富有见地的思考。

每次访谈结束后，研究者立即写下了访谈日志，记录了研究者对访谈对象的观察、印象和思考。被访者的非语言行为例如衣着打扮、面部表情、动作手势、说话时的语音语调等，提供了很多重要的信息，可以作为语言信息的重要补充。研究者现场的印象和思考是情境化的，往往也是灵光乍现，及时记录下来有利于为后面的分析打下良好的基础。

二、人口统计学资料和个案描述

本研究的问卷调查共获得了 375 名散居孤儿的有效问卷。从人口统计学资料来看，参与调查的散居孤儿性别分布比较均匀；他们来自全国各地，其中西部省份的被调查对象占比 54.4%；大三年级的占比较少（9.9%）；84.8% 为统招高职学生。见表 3-1。

表 3-1 人口统计变量的描述性统计

单位：人，%

变量	样本	百分比
性别		
男	178	47.5
女	197	52.5
省份 *		
东部地区	84	22.4
中部地区	87	23.2
西部地区	204	54.4
年级		
大一	165	44.0
大二	173	46.1

续表

变量	样本	百分比
大三	37	9.9
教育类别		
统招高职	318	84.8
成人大专	57	15.2

* 东部地区包括北京、天津、河北、辽宁、上海、江苏、浙江、福建、山东、广东和海南等11个省(市),中部地区包括山西、吉林、黑龙江、安徽、江西、河南、湖北、湖南等8个省,西部地区包括四川、重庆、贵州、云南、西藏、陕西、甘肃、青海、宁夏、新疆、广西、内蒙古等12个省级行政区。

深度访谈的30名散居孤儿中有15名男性、15名女性,农村户籍21人、城镇户籍9人,来自东部地区3人、中部地区8人、西部地区19人。见表3-2。

表3-2 访谈对象一览表

编号	姓名	性别	年龄	省份	户籍	成为孤儿时间	主要抚养人	其他亲属
1	振新	男	20	甘肃	城镇	8个月父亲去世,母亲改嫁	伯伯婶婶	叔叔、姑姑
2	伟国	男	22	四川	农村	3岁父母去世	爷爷(14岁去世)奶奶,伯伯	弟弟、姑姑
3	长文	男	23	广西	农村	3~4岁父母去世	爷爷奶奶(十三四岁去世),叔叔婶婶	姐姐、姑姑
4	志锋	男	23	广东	城镇	3岁丧父,13岁丧母	大叔	奶奶、小叔
5	冬青	女	21	浙江	农村	5岁丧母,15岁丧父	叔叔	2个姑姑、伯伯
6	高山	男	23	内蒙古	城镇	出生不久母亲去世,父亲弃养①	爷爷、大伯(未婚)	姑姑
7	成丽	女	22	甘肃	农村	3岁丧母,7岁丧父	爷爷奶奶(13岁去世)	舅舅
8	红英	女	21	黑龙江	农村	初三父母因车祸去世	爷爷	哥哥、舅舅
9	吉庆	女	22	新疆	城镇	三四岁父母去世	奶奶、姑姑(未婚)	4个姑姑
10	汪跃	男	22	黑龙江	城镇	8岁丧母,11岁丧父	外婆	3个伯伯、叔叔、3个舅舅、姨妈
11	吴金	男	19	河南	农村	三四岁丧母,11岁丧父	外婆(17岁去世)	2个伯伯、姑姑、舅舅、小姨

① 是指沾染上赌博恶习,不参与对孩子的养育,也不提供经济上的支持。

续表

编号	姓名	性别	年龄	省份	户籍	成为孤儿时间	主要抚养人	其他亲属
12	晓晨	女	21	内蒙古	农村	16岁丧父,母亲服刑在押	哥哥、奶奶	舅舅、叔叔
13	建武	男	21	甘肃	农村	两三岁父母去世	爷爷奶奶	伯伯、姑姑
14	池贵	男	21	四川	农村	10岁丧母,父亲弃养①	爷爷奶奶	2个妹妹、2个伯伯、叔叔
15	佳琪	女	20	宁夏	城镇	六年级丧母,初三丧父	二伯	奶奶、2个伯伯、叔叔、小姨、舅舅、弟弟
16	伍莫	女	21	四川	城镇	三四岁父母去世	外婆,叔叔婶婶(10岁至今)	奶奶、小叔、3个舅舅
17	阿布	男	23	四川	农村	8个月父亲去世,母亲改嫁	叔叔婶婶	姑姑、堂弟、堂妹
18	苏枫	女	23	宁夏	农村	弃儿	养父(17岁去世),独自生活	叔叔、姑姑
19	王雨	女	19	内蒙古	农村	小学二年级丧父,16岁丧母	独自生活	舅舅
20	谢菊	女	21	贵州	农村	16岁父母去世	与两个弟弟一起生活	3个伯伯
21	新剑	男	19	吉林	城镇	7个月丧母,16岁丧父	姑姑家(6~16岁)、福利院(16岁至今)	2个姑姑
22	韩林	男	18	山东	农村	12岁丧母,13岁丧父	敬老院、姑姑、大伯	奶奶、2个伯伯、2个姑姑
23	游亮	男	21	云南	农村	4岁丧母,12岁父亲被强制隔离戒毒	伯伯	妹妹、伯伯、叔叔、姑姑
24	宁宁	女	22	四川	农村	6岁父亲去世,母亲改嫁	奶奶、姐姐	无
25	大丰	男	21	山西	城镇	弃儿	非亲属寄养	无
26	宇虹	女	20	四川	农村	7岁父亲去世	非亲属寄养	舅舅、干妈
27	小武	男	19	吉林	农村	四五岁父母相继病逝	伯母(15岁去世)、孤儿学校	堂哥、堂姐
28	黄园	女	21	湖北	农村	10岁父母去世	爷爷奶奶	姑姑
29	雨芳	女	19	湖南	农村	9岁丧父,11岁丧母	爷爷	小叔
30	良娟	女	20	陕西	农村	11岁父母去世	外公外婆	姑姑、伯伯、弟弟、妹妹

注:为保护被访者,本文中所有被访者均为化名。

---

① 是指父亲吸毒、酗酒,不参与对孩子的养育,也不提供经济上的支持。

第四节 资料分析与研究信度

一、资料分析方法

（一）统计分析

375名散居孤儿的问卷资料经编码、输入和整理，使用SPSS（社会科学软件统计包）19.0进行了统计分析。这些分析包括人口统计学变量分析、抗逆力得分和精神健康得分的描述性统计分析、比较均值、方差分析和相关分析等。

（二）质性研究的资料分析

30名散居孤儿的深度访谈和14位教师、管理者的访谈录音均由研究者本人进行了逐字逐句的转录，并注明了说话时的语气、姿势与动作等资料，力求保持现场访谈的"原汁原味"。

在对质性资料进行归类和深入分析时，本研究结合了类属分析和情境分析两种方式。类属分析是对资料进行比较，具有相同属性的资料被归于同一类别，并识别类属之间的关系结构；情境分析是指将资料放置于研究对象所处的自然情境中，按照时序对事件和人物进行描述性分析（陈向明，2000）[290-295]。资料的编码工作完成之后，研究者首先运用类属分析对资料进行了归类，然后运用情境分析进行补充。例如，在分析散居孤儿遭遇的困难和风险时，相同的资料分别被放置到丧亲创伤、安置难题、养护困难、经济贫困、学业困难等几个类属中，并形成了"多重逆境"这一个核心类属。进一步比较个体逆境经历，研究还发现逆境暴露程度存在个体差异，即部分散居孤儿曾暴露于大规模逆境，部分散居孤儿遇到了较少的困难。另外，从情境分析的角度，研究将受访散居孤儿的逆境经历列出一条故事线，动态呈现历时性特征，发现散居孤儿逆境的连锁反应、累积效应等特征。类似地，在对"亲属网络养护""正式社会支持""抗逆力发展模式"等内容的分析方法上，也将类属分析和情境分析结合起来，在共时性的类别框架内进行历时性叙事和分析，在叙述一个历时性案例故事时进行共时性的类别分析。

二、研究信度

本研究采用质性研究和定量研究相结合的混合研究方法，有关信度问题涉及多层面的讨论。

在散居孤儿抗逆力的识别上，本研究采用了儿童青少年抗逆力测量中文版（CYRM-C）作为主要测量工具。同时，使用普通精神健康量表（GHQ-12）作为测量工具，将精神健康状况作为抗逆力的一个参照指标。此外，研究者还深度访谈了30名散居孤儿，对被访者所在班级的辅导员、项目管理者和分管项目的校领导进行了个别访谈，从"关键知情人"那里获得有关散居孤儿的行为表现、人际关系、学业成绩等资料，以便从不同角度进行对比和验证。这些定量和定性资料可以帮助多角度、多方面、多方法评估被访者的"成功适应"，并且不同方法及其结果可以相互比较。

在定量研究中，笔者采用了以下技术来处理信度问题。第一，采用已被使用、经过检验的量表来测量散居孤儿的抗逆力水平和精神健康状况。第二，在问卷设计时遣词造句力求简洁、具体和清晰，明确地让被访者知道如何回答。第三，在被访者填答问卷时进行现场说明、指导和提醒，尽量保证被访者在填答时是独立、认真审慎和完整填写的。第四，在问卷的封页上，被访者填写了他/她在校的学号，研究者可以通过这一身份代码追踪到被访者，以查验、确认资料填写的准确性。

在质性访谈中，笔者与受访散居孤儿建立友好、信任的关系，从尽可能多的渠道例如教师那里获得更丰富的资料，以及对不同资料进行分析和比较等都可增强研究的可信度。

因此，本研究在定量研究和质性研究上使用了多种处理信度问题的方法，在抗逆力的测量上使用了多样化的资料来源和收集方式，不同资料之间可以进行对比和验证，提高了研究结果的可靠性。

第五节　研究伦理

本研究的对象是年满16周岁的散居孤儿（质性访谈的对象均年满18周岁），研究过程涉及这些青少年如何经历丧失父母、家庭和学校中不利因素以及他们如何克服困难的细节。研究者严格遵循了研究伦理标准：研究信息公开、研究对象自愿参加、知情同意、信息保密等，以避免对研究对象造成伤害。

第一，在收集资料之前，研究者向被访者公开了研究信息。说明研究者是一名在读的博士研究生，正在做一项有关散居孤儿经历逆境之后社会适应的研究，研究结果将会以学术论文的形式呈现。向研究对象收集资料的方式包括问卷填写和一对一的访谈。在深度访谈开始之前，研究者会进一步告知访谈的大体内容和可能涉及的个人隐私信息。

第二，向被访者承诺保密。明确告诉被访者所收集到的资料只是用于学术研究，不会有其他任何用途。有关被访者的身份信息只限研究者本人知晓，问卷及深度访谈资料只限于本人及论文导师知晓。在任何情况下，研究者都不会暴露他们的姓名和身份，一切可能暴露他们身份的信息例如人名、学校名等都将使用匿名，必要时删除一些敏感材料。

第三，研究开始之前，征得被访者的同意。向被访者说明参与本项研究既非学校及老师的要求，也不会涉及学校对他们的评价与奖惩（例如评选优秀学生、奖学金、学校资助等），他们可以自愿选择是否参与，也可以在中途自愿选择退出。在深度访谈开始之前，向被访者询问是否可以录音，并承诺录音只供研究者本人知晓和使用，整理出来后立即销毁。

第四，同意参加研究的被访者签署"知情同意书"。见附录3。

在资料收集过程中，研究者也一直思考和反省与被访者的关系问题：研究者是否按照一定的道德原则公正地对待被访者？是否会让被访者产生一种被剥夺感？访谈是否会给被访者造成伤害？

在研究过程中，尤其是质性研究部分，研究者具有双重身份：B学院的一名教师和一名在读的博士研究生。相对于研究对象，研究者在受教育程度、职业身份、社会经济地位等方面都属于强势的一方。因此，研究者一直反思和警醒自己是否利用了作为教师的"特权"或"优势地位"使作为受资助学生的被访者产生一种心理压力，使得他们不得不接受访谈。研究者本人接受过系统的社会工作专业教育，受到注重个人尊严与价值、促进社会公正、待人真诚守信等专业价值观的熏陶，也深受尊重、接纳、保密、公正等专业伦理的影响，同时学术研究的训练也使研究者本人时刻警醒研究过程是否符合公正、不伤害等伦理原则。因此，研究者在与研究对象接触的过程中，始终保持谦逊、真诚的态度，避免将自己的思想、价值观强加于研究对象。在选择研究对象时，避免从研究者教过课或即将要教课的班级中选取；同时，向被访者说明研究者本人只是一名普通教师，不参与任何与"孤儿助学工程"项目相关的工作，参与研究不会影响他们在校的评价或其他利益相关事项。在深度访谈中，研究者表达了对被访者的尊重、温暖和真诚，对他们的遭遇和痛苦报以同理回应，对他们所谈到的个人心理和行为偏差不批判，对他们表现出的勇敢、坚韧表示肯定，在访谈结束时对他们能分享自己的故事给予衷心感谢。

为了不让被访者产生"被剥夺感"，在访谈结束时研究者向被访者询问了他/她是否需要一些帮助，并表示在研究者能力所及的范围内可以提供一些帮助。其中，有三名被访者提出了要求。在访谈结束之后，研究者帮助一名被访者介绍了一家社会工作服务机构开展专业实习，向另一名被访者提供了一份专业阅读的书单，向第三名被访者解读了学校的资助政策并将其转介给学校的学生资助办公室。

为了避免访谈给被访者造成伤害，研究者不仅提高警惕，在开始之前就说明了被访者如果受访过程中感觉伤痛可以中途退出、对不想回答的问题可以跳过等细节,而且,在即将结束访谈时,会询问被访者对访谈有什么看法、是否有感觉受伤害。许多被访者表示,与研究者分享自己经历和感受的过程宣泄了长期积压的情绪。例如一位被访者这样说:"我说出来反而心里舒服了很多。在这个学校还没跟别人说过这些事,我一直不想再提这些事。"有的被访者还感谢了研究者的倾听和关注:"当我把内心里面这些东西讲出来时,我觉得也是释放了压力,感觉很舒畅。谢谢你自始至终在倾听。"

事实上,分享个人的生活故事可以带来许多好处,尤其是对于那些愿意讲述并且能够在讲述过程中反思的被访者。Atkinson(1998)归纳了生活故事访谈对被访者产生的益处,包括:对个人经历和感受有更清晰的理解,增加了自我认识,增强了自我形象和自尊;通过了解自己的过去和现在,被访者对未来的目标也有了更清晰的认识;与他人分享自己的故事、经验和见解时获得了内心的平静、满足和快乐;分享自己的经历也是一种净化或释放某些负担的方式,具有恢复的功能。

为了保护被访者,在本论文中,笔者对受访散居孤儿、教师、管理人员及相关学校一律都采用了化名,并对可能识别出的信息进行了处理。

第四章 散居孤儿抗逆力测量结果及影响因素分析

本章将基于375名散居孤儿问卷调查的数据,来呈现这一样本群体的抗逆力水平,并结合质性资料的分析来探究影响散居孤儿抗逆力的主要因素。可能的影响因素一方面是其社会人口特征,包括性别、年龄、民族、户籍等,另一方面是与孤儿生活、成长相关的因素,包括成为孤儿的时间、照管情况、受教育情况、精神健康状况等。需要说明的是,定量研究的对象是受资助、在高职院校就读的散居孤儿学生,代表的是散居孤儿中具有较高学历、并经民政部"孤儿助学工程"项目"筛选"符合资助条件的一群青年人。该样本对散居孤儿总体的代表性尚难估计,因此,研究中的发现并不适合推论到散居孤儿总体。不过,这些发现为后续的质性研究指引了方向、重点,为研究的进一步深化和丰富奠定了基础。

第一节 散居孤儿抗逆力测量结果

一、样本的基本特征

统计结果显示,样本群体的性别分布比较均匀,男性和女性基本各占一半;样本群体的年龄为16~27岁,平均年龄为20岁;少数民族的被访者占29.1%;农村户籍的被访者占63.7%;受资助就读高职之前的学历为高中的占45.3%,目前就读大一和大二年级的均超过四成,9.9%的被访者读大三;在小学阶段成为孤儿的被访者最多,占35.2%,在高中(中专)阶段成为孤儿的被访者占比较小,为7.2%。见表4-1。

表 4-1 受访散居孤儿的社会人口特征

单位：人，%

变量	样本	百分比
性别		
男	178	47.5
女	197	52.5
年龄		
20 岁以下	104	27.7
20 岁	130	34.7
20 岁以上	141	37.6
户籍		
农村	239	63.7
城镇	136	36.3
民族		
汉族	266	70.9
少数民族	109	29.1
年级		
大一	165	44.0
大二	173	46.1
大三	37	9.9
入校前的学历		
高中	170	45.3
中专（职高）	205	54.7
成为孤儿的时间		
上幼儿园之前（3 岁之前）	84	22.4
幼儿园阶段（3～6 岁）	63	16.8
小学阶段	132	35.2
初中阶段	69	18.4
高中（中专）阶段	27	7.2

表 4-2 显示，从照管类型看，受访散居孤儿由祖父母抚养的比例最高，为 48.0%，其次是叔叔、伯伯或姑姑抚养，占比为 21.9%，父系亲属代际抚养合计占比为 69.9%；母系亲属（外祖父母、舅舅或姨妈）抚养孤儿的比例较低，为 12.3%。这一结果与之前学者的研究发现有较高的相似性，尚晓援（2006）研究发现农村散居孤儿的替代性养护中父系扩展家庭是主要依托，孤儿首先由祖父母抚养，如果没有祖父母，抚养责任通常会由叔伯来承担。

表 4-2 受访散居孤儿的照管情况

照管类型	人数	百分比
祖父母抚养	180	48.0
叔、伯或姑抚养	82	21.9
外祖父母抚养	13	3.5
舅舅或姨妈抚养	33	8.8
哥姐照顾或自我照顾	26	6.9
两种及以上照管环境	41	10.9
合计	375	100.0

二、被访者抗逆力测量结果

从抗逆力水平看，受访散居孤儿抗逆力总分值为116.77（标准差为11.99），平均分值为4.32（标准差为0.44）。由于量表采用5点计分，抗逆力总分值的取值范围为27至135，平均分值的取值范围为1至5。该结果反映出受访散居孤儿当下（平均年龄20岁、受资助正就读于高职院校）的抗逆力处于中等偏上水平，表明他们在经历困境后总体发展状况良好。抗逆力测量得分较高的原因可能有以下几方面：第一，被访者目前处于生命周期的青少年晚期和成年早期，随着年龄增长，他们的心智更加成熟，并且生活中的一些因素也发生改变，促进了个体的适应。例如，扩展了社会关系网络，获得了升学机会等。第二，获得高等教育机会、进入到大学里学习生活，改变了他们的社会地位与生活环境，这对多数被访者来说意味着个人发展路径的重大转折。第三，被访者能通过统一高考或成人高考获得"孤儿助学工程"项目资助入学，这本身就证明了他们在学业表现、社会支持等方面状况良好。

从结构看，抗逆力的各维度存在一定的差别。社会支持力的平均分值超过家庭支持力和个体抗逆力，而家庭支持力和个体抗逆力具有相同的平均分值。见表4-3。可见，在成年早期，社会支持力对于被访者的作用比家庭支持力、个体抗逆力更为重要。社会支持力的条目主要涵盖了社区、学校、教育、机会等，因此可以推断，被访者成年早期的生活与发展更加依赖这些社会背景性因素所提供的资源和机会。

表 4-3 受访散居孤儿抗逆力及各维度的测量得分

抗逆力及其维度	总分值	平均分值	标准差
抗逆力	116.77	4.32	0.44
社会支持力	48.47	4.50	0.41

续表

抗逆力及其维度	总分值	平均分值	标准差
家庭支持力	29.65	4.24	0.65
个体抗逆力	38.65	4.24	0.47

注：社会支持力包含 11 个条目，家庭支持力包含 7 个条目，个体抗逆力包含 9 个条目。

三、被访者精神健康调查结果

表 4-4 显示，样本群体中得分超过临界点（大于或等于 4 分）、显示有负面心理倾向的比例为 27.5%。樊富珉等（2001）运用普通精神健康问卷（GHQ）对北京、香港初一和高一学生的心理健康水平的调查显示，北京中学生具有负面心理倾向的学生占 11.2%，香港的占 14.5%。可见，受访散居孤儿显示出负面心理倾向的比例远高于普通青少年。王丽萍等（2009）对经历了唐山地震并因地震成为孤儿的成年人进行的心理健康状况调查也证实，在震后 30 年，与经历了地震的非孤儿比较，地震孤儿的心理健康仍存在较多问题。

受访散居孤儿中具有负面心理倾向的比例较高，表明受访散居孤儿的精神健康问题值得关注。以往这一问题并没有受到重视，人们更多关注他们的基本生活保障、医疗和教育等方面。

表 4-4 受访散居孤儿的精神健康得分

GHQ 得分	人数	百分比
GHQ < 4	272	72.5
GHQ ≥ 4	103	27.5
合计	375	100.0

第二节 散居孤儿抗逆力测量结果的分类比较

采用比较均值和方差分析探讨性别、年龄、户籍、民族、照管环境等变量的不同类别（水平）在被访者抗逆力测量得分上的差异和关系，统计结果见表 4-5。

表 4-5 抗逆力测量得分在不同类别上的差异分析

变量	N	抗逆力得分均值	标准差	显著性检验
性别				
男	178	117.29	11.36	

续表

变量	N	抗逆力得分均值	标准差	显著性检验
女	197	116.31	12.55	F=0.620
年龄				
20 岁以下	104	116.45	11.88	
20 岁	130	117.60	11.46	
20 岁以上	141	116.25	12.59	F=0.480
户籍				
农村	239	114.69	12.20	
城镇	136	120.44	10.71	F=21.024***
民族				
汉族	266	117.72	12.54	
少数民族	109	116.38	10.59	F=0.967
年级				
大一	165	117.19	11.58	
大二	173	116.01	12.32	
大三	37	118.49	12.33	F=0.824
入校前的学历				
高中	170	117.54	11.72	
中专（职高）	205	116.14	12.21	F=1.256
成为孤儿的时间				
上幼儿园之前（3 岁之前）	84	116.67	12.43	
幼儿园阶段（3~6 岁）	63	117.73	12.43	
小学阶段	132	116.06	12.19	
初中阶段	69	117.16	11.62	
高中（中专）阶段	27	117.37	10.01	F=0.251
照管环境类型				
祖辈抚养	193	117.62	11.13	
叔伯姑舅姨抚养	115	117.18	10.37	
哥姐照顾或自我照顾	26	114.92	11.54	
两种及以上照管环境	41	112.61	10.37	F=2.712*
精神健康状况				
低危（GHQ 得分为 0 或 1）	169	120.62	11.51	
中危（GHQ 得分为 2 或 3）	103	116.04	10.37	
高危（GHQ 得分≥ 4）	103	111.19	12.05	F=22.318***

注：***$P<0.001$，*$P<0.05$。

从表 4-5 可以看出，受访散居孤儿抗逆力得分在城乡、照管环境类型和精神健康状况等三个变量上均存在显著差异。

从城乡差异分析，城镇户籍被访者的抗逆力得分高于农村户籍被访者，显示受访散居孤儿的抗逆力得分存在城乡差距，生活在农村地区的受访散居孤儿脆弱性更高。

从照管环境看，被访者抗逆力得分从高到低排序依次是祖辈抚养、叔伯姑舅姨抚养、哥姐照顾或自我照顾、两种及以上照管环境。祖辈抚养、叔伯辈抚养的散居孤儿抗逆力得分相对较高。哥姐照顾或自我照顾状态下，被访者缺乏成年人照顾和保护，抗逆力得分相对较低。在四种照管环境类型中，那些经历了两种及以上照管环境的被访者抗逆力得分最低。

从精神健康状况分析，精神健康状况低危、中危、高危的三类被访者的抗逆力得分存在显著差异。进一步将 375 名散居孤儿的抗逆力得分与精神健康得分进行相关分析，结果显示，两者之间存在显著的负相关，相关系数为 -0.336。见表 4-6。

表 4-6 抗逆力得分与精神健康状况的相关性

	抗逆力得分	
精神健康得分	皮尔森相关系数	–0.336**
	显著性（双侧）	0.000
	N	375

注：** 在 0.01 水平（双侧）上显著相关。

另外，从表 4-5 还可以看出，受访散居孤儿的抗逆力得分在性别、民族、入校前的学历、年级等四个变量上存在一些差异，但这些差别没有统计学意义。从性别分析，受访散居孤儿中女性抗逆力得分略低于男性。从民族类别看，汉族被访者的抗逆力得分高于少数民族被访者。对入校前学历和年级的数据进行对比，高中学历的被访者抗逆力得分高于中专（职高）学历的被访者；大三年级的被访者抗逆力得分高于大一和大二年级的被访者。

第三节　影响散居孤儿抗逆力的因素分析

上一节数据分析发现不同因素对被访者抗逆力得分的影响是不同的。户籍、照管环境、精神健康状况等三个因素的影响作用显著，它们是影响被访者抗逆力得分的重要因素。性别、民族、入校前的学历、年级等四个变量对被访者抗逆力得分存在影响，但其作用并未达到统计显著性，尚需要进一步探究。本节通过对问卷调查筛选出的抗逆力得分高和低的散居孤儿学生及其班主任的访谈资料，结合定量研究发现进一步分析相关因素对受访散居孤儿抗逆力测量结果的具体影响。

一、照管环境的影响

照管环境对散居孤儿的抗逆力有着非常重要的影响。质性访谈发现，相对于抗逆力得分低的被访者，得分高的被访者在成为孤儿后拥有更为安全、持续、稳定的安置和照顾，有着相对较好的家庭关系。高分组的10名被访者中，6人由祖辈或叔叔抚养至今，2人一直由非亲属寄养，2人早先由祖父母抚养，祖父母去世后由叔叔或伯伯接力抚养。总体上，他们的抚养人没有发生较大变化，照顾环境也比较安全。相反，低抗逆力得分组的10名被访者在成为孤儿后的安置和照管上面临较多风险。一些被访者经历了多次变换照顾者和照顾环境，例如吴金的监护人是大伯，读初中期间他寄养在二伯家，读高中的时候又和年老体弱的外婆生活在一起；新剑和小武早先由亲属抚养，后来又分别被送到福利院和孤儿学校生活；苏枫成为孤儿后先后寄居在不同的亲属家庭。一些被访者家庭成员之间关系不和，例如晓晨的监护人是哥哥，但哥哥嫂嫂不承担抚养责任，和她一起生活的奶奶又十分重男轻女；建武曾在大伯家生活过一年半，后来回到爷爷奶奶家，爷爷脾气很暴躁，和奶奶经常吵架。因为养育关系频繁重组，一起生活的家庭成员之间关系不良，被访者面临持续的压力。已有研究表明，在未成年阶段经历多次养育关系的重组，频繁更换照顾者和照顾环境，以及变换不定的人际关系，儿童难以发展亲密关系，会增加其适应不良的风险（Walsh，2013）[40]。

二、精神健康状况的影响

精神健康状况是影响受访散居孤儿抗逆力的又一重要因素。良好精神健康是指精神与心理处于健全和安乐状态，对于儿童来说，精神健康包括了对自身价值的积极认同，有能力控制思想和情感并建立社会关系，有能力学习和获得教育，并最终使他们能够充分积极地参与社会活动（世界卫生组织，2013）。丧亲是导致青少年精神健康风险的重要因素之一，除了丧失父母，散居孤儿在成长过程中还可能经历其他丧失。高抗逆力得分组中，8人成为孤儿后没有再次经历丧亲或永久性分离，只有伟国和长文两人在成为孤儿后经历了祖父（母）的去世，但是随后叔叔、伯伯家就承担了照顾责任。在低抗逆力得分组中，许多被访者在成为孤儿后再次经历了丧失。例如，晓晨不仅经历了父亲去世、母亲服刑在押，还经历了哥哥嫂嫂弃养、一起生活的奶奶去世；吴金最亲近的人是外婆，在一起生活几年后外婆也去世了；小武父母去世后，伯母抚养他，伯母患有慢性病，在他15岁时去世了；新剑16岁时一直照顾他生活的二姑一家搬到外省，他被送到当地的儿童福利院生活；苏枫本是一个弃婴，被养父一家收养，在她成长过程中奶奶、养父又相继去世，她只得辗转于亲戚家过活。

多次丧亲的经历和动荡无序的生活对于青少年是严重的创伤事件，它让人陷入极大的恐惧感和无力感之中。同时，散居孤儿的丧亲、安置问题、照管环境动荡混乱、经济贫困、教育受限、外部歧视等风险因素很多时候会叠加在一起，对其精神健康产生负面累积作用。精神健康状况不佳会严重阻碍他们的社会适应与发展。

三、受教育状况的影响

根据统计分析结果，只能初步推测受教育年限长、受教育程度高的被访者抗逆力得分高于那些受教育年限相对较短、程度相对较低的被访者。但从质性访谈的情况看，高抗逆力得分组的10名被访者中，6人是高中毕业考入B学院的，3人就读所在省的孤儿职业技术学校后考入B学院，他们所受教育比较完整和顺利。低抗逆力得分组的10名被访者中，5人读完了高中，但是过程却很艰难。例如晓晨、雨芳、苏枫在访谈中都反映上高中时没有钱，通过向亲戚借钱或基层干部跟学校协调才解决教育费用问题，并且教育费用经常让她们心里产生担忧。另外5人初中毕业后读了技校，成丽读完技校考上了大专院校，但是因家里缺钱没能去上。不管是抗逆力得分高的散居孤儿，还是抗逆力得分低的散居孤儿，他们在访谈中都强调了上学、接受教育对自己人生发展所具有的重要意义。学校的资助、教师同学的支持都提供了积极的社会关系联结；学业成就、升学机会则是他们改变社会地位、向上流动、实现希望和梦想的通道。

四、城乡、民族、性别的影响

统计结果显示，城镇户籍被访者的抗逆力得分显著高于农村户籍被访者。深度访谈发现，高抗逆力得分组的10名被访者中有一半居住在城镇；而低抗逆力得分组的10人中除了新剑和佳琪，有8人居住在农村。这8人中晓晨、雨芳、成丽、苏枫等都经历了较严重的生活贫困，他们较早就开始边上学边打工，并经常为上学的费用担忧。可见，城乡在经济、教育上的差距影响了散居孤儿的脆弱性。一项关于我国青少年教育状况的统计分析也显示，从2000—2015年青少年在校，以及接受或完成义务教育的情况来看，农村地区落后于城镇地区，贫困地区落后于一般地区；2015年，10~19岁农村青少年未按规定接受或完成义务教育的比例是城镇青少年的2倍多（联合国儿童基金会、联合国人口基金会，2018）。

民族因素与地区差距、城乡差距有紧密的联系。根据联合国儿童基金会（2018）的统计，全国60%的少数民族儿童生活在贫困地区。而贫困无疑是影响儿童青少年发展最关键的风险因素之一。相当程度上，被访者的抗逆力得分在民族上的差异是城乡差距、地区差距的一个侧影。

统计结果显示，散居孤儿中女性抗逆力的得分略低于男性，说明女性的抗逆力发展状况比男性稍弱。在深度访谈对象的故事中常常可以发现，女孩为了让男孩继续上学而牺牲自己上学的机会，外出打工支持家庭生计与男孩上学。例如，池贵的大妹、长文的姐姐都是较早离开学校外出打工支持他们读书；另外两个女性被访者宇虹和良娟，也曾有过辍学或较早退学的经历。一项对南非9~15岁孤儿的调查也表明，女孩在抗逆力量表上的得分更低，因此有必要加强针对女孩的心理社会支持（Desilva et al., 2012）。也有研究发现，在青少年晚期和成年早期，女孩比男孩更易受内在症状的影响，尤其是抑郁（Werner & Smith, 1992）。

第五章 散居孤儿的逆境经历

每一个散居孤儿都有自己独特的生命故事,他们的逆境经历贯穿其中。正如著名作家列夫·托尔斯泰在其小说《安娜·卡列尼娜》中所写:"幸福的家庭都是相似的;不幸的家庭各有各的不幸。"散居孤儿因家庭变故所遭遇的逆境多种多样。而且逆境是多重的、累积的,诸如丧亲、安置困难、经济贫困、学业困难等都会叠加在一起。逆境带给他们的不仅有短期的压力,也有长期的冲突和困扰。本章主要基于对30名散居孤儿的生活故事访谈,梳理其生命历程中经历的主要逆境,分析风险机制。

第一节 丧亲之痛

一、丧失父母的情况

分析深度访谈资料发现,30名被访者中23人失去了双亲,属于"双孤"。7人尽管是民政部门认定的孤儿,但严格意义上他们属于"事实孤儿"或"事实无人抚养儿童"[①]。其中,3名受访散居孤儿属于父亲去世、母亲改嫁的情形;2名受访散居孤儿属于母亲去世、父亲弃养的类型,他们的父亲或深陷赌博恶习,或吸毒、酗酒,不履行抚养责任;1名受访散居孤儿父亲去世,母亲服刑在押;1名受访散居孤儿母亲去世,父亲因吸毒被强制隔离戒毒。上述7名

---

① 2019年6月,民政部等12部门颁布《关于进一步加强事实无人抚养儿童保障工作的意见》,首次从国家政策层面界定了"事实无人抚养儿童",是指父母双方均符合重残、重病、服刑在押、强制隔离戒毒、被执行其他限制人身自由的措施、失联情形之一的儿童;或者父母一方死亡或失踪,另一方符合重残、重病、服刑在押、强制隔离戒毒、被执行其他限制人身自由的措施、失联情形之一的儿童。

散居孤儿受到了丧父（母）的打击，也遭遇了母亲（父亲）的遗弃或永久分离。

二、丧亲的影响

对于儿童、青少年来说，父母早逝是一个非常严重的打击，也是他们人生的转折点。它意味着一系列突如其来的变化：亲子情感纽带断裂，经历悲伤过程，"儿子"或"女儿"地位角色的丧失，被赋予"孤儿"这一新的身份地位，养育环境和社会关系的重新安排，等等。

丧亲及哀伤经历给散居孤儿的身心发展带来巨大影响。在深度访谈中，受访孤儿谈及自己经历失去父母后的反应时，常见的表述是"天塌下来了""心碎""心痛""难受""绝望""受到了非常大的打击""有心理阴影"等。例如，受访孤儿汪跃8岁丧母，11岁丧父，回忆起那时的情形他说："非常难受。想不通这些事怎么能摊到我身上呢？当时就很绝望，想了很多，想我以后可怎么办？"受访孤儿王雨在妈妈去世时正读高一，16岁。在之后的一段时间里她总有挥之不去的梦魇，只能靠喝酒来麻醉自己："我妈刚没那阵子我天天一睡觉就做梦，感觉事实就是梦，梦也是事实，我自己都快疯了。好久我都没说过话。天天喝酒，一个人喝，喝得自己迷迷瞪瞪的。"对于这些被访者，丧失父母之后的一段时期生活是非常艰难的，亲子依恋关系断裂了，生活的安全感丧失了，未来的希望和梦想破碎了，他们陷入一种极度的无力感之中，就像赫尔曼（2015）[30]在其经典著作《创伤与复原》中所写的那样："它（创伤事件）将人类逼到无助与惊恐的墙角，并激起人类大祸临头的反应。"

丧亲不仅造成短期的打击，对身体、情感和社会交往造成严重影响；它还带来长期的心理影响，包括对自我、对世界、对未来的困惑与怀疑。例如，受访孤儿良娟这样表述丧失父母后的自我认同困境：

> 想一想在这样的年龄一下失去父母是怎样的心情？我从小喜欢学习，也许因为这样才可以在大人们口中得到几句夸奖来满足我的成就感吧！可是无论我在外人眼里有多优秀，我都觉得是一种施舍。因为那时的我缺少父爱与母爱，那是别人没法替代的爱。如果说父母是孩子的启蒙老师，那么我早就失去这份教育。我经常在内心问我自己，我的人生是怎么走过来的？我一生在追求着什么？我的梦想又是什么？我在为何而努力？

人们丧亲后要经历一个相当长的悲伤过渡期，重整生理、情绪、心理和人际交往，从悲伤中恢复过来。按照 Kubler-Ross（1969）的悲伤过程理论，人们面对丧亲之痛所经历的悲伤过程有五个阶段：否定、愤怒、讨价还价、情绪低落和接受，每个阶段呈现不同的心理、情绪反应。Bowlby（1980）基于依恋理论，提出了一个哀伤过程的四阶段假设：(1) 震惊，伴随着麻木和否认症状；(2) 想念和抗议，伴随着对丧失（loss）认知的发展；(3) 绝望；(4) 恢复，接受并适应丧失。我国学者徐洁、陈顺森、张日昇等（2011）研究也发现，多数丧亲青少年会经历"面对生活的巨变"、"体验丧亲的痛苦与失落"、"在哀伤中继续生活"和"重新诠释死亡"四个阶段。在"面对生活的巨变"阶段，丧亲青少年普遍出现情绪、感觉、生理、行为、认知上的强烈反应；在"体验丧亲的痛苦和失落"阶段，强烈反应过去后，青少年逐渐意识到死亡发生的现实；在"在哀伤中继续生活"阶段，青少年有独自哀伤的需要；在"重新诠释死亡"阶段，丧亲青少年会采用合理化防御机制解释父母死亡。

经历完整的哀伤过程有助于丧亲个体从悲痛中复原，获得内在心理重整与平衡。如果不能成功完成各个阶段，丧亲个体很可能发展成复杂的哀伤，影响以后的心理健康和社会适应（徐洁、陈顺森、张日昇等，2011）。来自家人、朋友的社会支持及与他们的开放性沟通是帮助青少年处理丧亲哀伤的关键因素（Corr & Balk，2001）。深度访谈发现，多数受访孤儿没有机会在安全的环境中讨论并处理他们的恐惧和灾难体验，诸多不利因素阻碍了他们的哀伤进程，导致他们较不容易从丧亲创伤中顺利恢复。

首先，一些受访孤儿在原生家庭破碎之后缺少关系密切的亲属，或者亲属忙于处理丧事、协商孤儿后续的安置问题，导致孤儿未能获得及时的陪伴和情感支持。吴金 4 岁丧母，11 岁丧父，他描述了父亲去世后自己孤立无援的处境："当时很害怕。我们那个房子有两个卧室，我爷爷睡左边的卧室，我睡右边的卧室，右边只有我一个人。我爸去世后那样住了好多天，晚上我害怕睡不着，都会蒙着被子睡觉，也没有人可以说。"

其次，受访孤儿为了避免周围人不安而不对外倾诉丧失的感受。在被问到是否有跟亲属沟通自己丧亲后的感受时，志锋说："伤心的时候，我也有想过把（心里）这种难受说出来给家人听。但是想想，说到嘴边又咽下去了，不好意思说出口。（研究者：你有什么顾虑呢？）我顾虑的是害怕家人当时都不知道怎么跟我说，有些事提起来他们会为我担忧，或者他们自己又想到伤心的事了。我爸爸去世了，最伤心的人是我奶奶，我家人也都不愿提起。"红英在访谈中也表露，由于担心增加爷爷和哥哥的"负担"，自己尽量避免去表达内心的哀伤。

最后，文化观念是重要的、深层次的影响因素。我们的社会、文化传统强调在儿童面前忌谈死亡，将过多表达内心哀伤视为软弱，这些都会导致丧亲青少年表达哀伤情绪的需要被忽视或者被误解。例如佳琪表示，在社会文化期望下自己表现出坚强的一面，但内心深处却十分挣扎与痛苦："过年的时候心里最痛。今年春节在奶奶家过年。一起看春晚，我的眼泪就下来了，但是只能偷偷地哭。内心告诉自己不哭，找无数理由告诉自己要坚强。大年初一，叔叔们都回来了，好多人，一起吃饺子。我老是想，要是爸爸妈妈在将会是什么样？我快乐不起来，但是在人前又要伪装。"

对于儿童、青少年，失去父母不仅意味着亲密关系和爱的失落，还有对未来生活的无知和恐惧，这让他们陷入无助和哀伤之中。许多人在家人、亲属、社区的支持下，随着个人成长成熟，能够慢慢从哀伤中走出来。但是，如果不能得到妥善的处理，哀伤会影响一个人的情绪和社会功能，进而导致一系列的身心疾病，需要进行专业的心理干预。有学者提出，丧亲者中约15%需要不同程度的心理干预（王建平，2015）。考虑到散居孤儿群体丧亲经历的特殊性和丧亲时所处的年龄阶段，他们中需要心理干预的比例应该会更高。

第二节　安置之难

一、散居孤儿的安置方式

失去了父母的儿童需要重新安置，提供替代性养护。我国孤儿的替代养育方式主要包括亲属抚养、机构养育、家庭寄养和依法收养等。散居孤儿绝大多数由亲属抚养。按照社会人类学的观点，亲属是有着共同的祖先或血缘的人，或是靠姻亲关系或养育关系联系在一起的人组成的社会网络（波普诺，2007）。30名受访散居孤儿中，接受过祖父母抚养的有13人，接受过伯伯、叔叔或姑姑抚养的有12人，接受过外祖父母抚养的有3人，非亲属寄养的有2人，独自生活或与弟弟妹妹一起生活的有3人，6人曾生活于两种及以上抚养环境。在深度访谈对象中，伟国、长文、新剑、韩林、吴金和建武经历了两种及以上抚养环境。伟国和长文的祖父母在抚养中途去世，之后由其他亲属接力抚养；新剑、小武和韩林主要由亲属抚养，也有短暂的福利机构生活经历；吴金和建武接受过祖辈抚养，也在叔伯家生活过。

二、散居孤儿安置上的困难

抚养孤儿的亲属既可以是祖父母、叔伯等父系亲属，也可以是外祖父母、舅舅、姨妈等母系亲属，还可以是成年的哥哥姐姐。上述亲属之间如何确定抚养责任，涉及情、理、法的考量，是一个容易产生争议、引发矛盾的问题。因为复杂的亲属关系，抚养责任引起的争议与矛盾可能发生在孤儿和亲属之间，也可能发生在亲属们之间。安置问题对散居孤儿日后的成长环境及生活质量影响深远。

我国传统文化十分强调家庭、家族成员之间的互助义务。一些学者认为这些义务是"不可推卸的"和"无限的"。黄黎若莲（2001）指出，家庭和家族群体不仅被视为社会照顾的自然机构，而且为有需要的成员提供照顾是其不可推卸的伦理上的义务。刘汶蓉（2013）也认为，中国传统的家庭价值观以义务为本位，强调利他精神，通过血缘、婚姻关系连接起来的亲属之间具有一种特殊的和自然的亲密关系，彼此承担无条件的、无限的相互照顾和扶持的责任与义务。所谓"无限的义务"，不仅指对现世家庭成员的义务，还指对先人和后人的义务（孟宪范，2008）。因此，对于父母双亡的未成年人，我国历来就有家庭、家族抚恤的传统。

这里的家庭、家族一般是指父系扩展家庭和家族。父系亲属承担抚养孤儿的主要责任与中国传统社会、文化中的亲属结构密切相关。许烺光（2001）在《祖荫下：中国乡村的亲属、人格与社会流动》中指出，亲属关系以父系为根本，每一种关系的义务和权利与社会规定的亲属结构中亲属的远近程度直接对应。费孝通（1998）用"差序格局"概括中国传统社会结构的基本特征，在差序格局中，社会关系是逐渐从一个一个人推出去的，是私人联系的增加；社会范围是一根根私人联系所构成的网络，因此，传统社会里所有的社会道德也只在私人联系中发生意义。

传统文化与价值的遗产也为现代社会和法律所继承。我国《民法典》第一千零七十四条、一千零七十五条规定，有负担能力的祖父母、外祖父母，对于父母已经死亡或父母无力抚养的未成年孙子女、外孙子女，有抚养的义务；有负担能力的兄、姐，对于父母已经死亡或父母无力抚养的未成年弟、妹，有扶养的义务。《民法典》第二十七条规定，未成年人的父母已经死亡或者没有监护能力的，由下列有监护能力的人按顺序担任监护人：（一）祖父母、外祖父母；（二）兄、姐；（三）其他愿意担任监护人的个人或者组织，但是须经未成年人住所地的居民委员会、村民委员会或者民政部门同意。

不过，不管是法定义务还是伦理责任，如果缺乏权威的裁定和监督，同时相关亲属之间缺乏理性沟通，负有抚养责任的亲属不履行孤儿抚养义务的情形就会发生。在深度访谈中，有8位被访者讲述了围绕抚养责任而产生矛盾或没有抚养人的经历，归纳起来有三种情形。

第一种情形，亲属既有伦理上的义务，也有法定的义务，但不承担抚（扶）养责任，引发孤儿与该亲属之间的矛盾。晓晨成为孤儿时，她的哥哥已经成年并结婚，具备扶养能力，但哥哥嫂嫂不愿扶养晓晨，甚至将国家发放给晓晨的孤儿生活津贴据为己有。至今，晓晨还对哥哥嫂嫂自私自利的行为无法释怀：

> 我哥跟我的关系不是特别亲，因为我们从小没生活在一起。我妈生了我之后，我哥哥就由我奶奶照顾，是我奶奶把我哥养大的……如果没有这个学校（B学院）的话，可能我也就不念书了，因为没有钱。我上学我哥从来没给过我钱，都是我放假打工挣钱。我从14岁就已经出去干活，给自己挣学费了。国家给我的钱都是我哥霸（占）着，一分钱都不给我。后来我大舅向村委会、乡上的干部反映这个事，我哥才开始把这钱交给我……我觉得亲情在他面前什么都不是，我不愿意回我哥哥嫂嫂家，没有家的感觉。

基于血缘关系、社会伦理和文化观念的要求，孤儿的祖父母、兄、姐在有负担能力时承担抚（扶）养孤儿的责任。同时根据法律规定，他们也有抚（扶）养义务。但是，现实中仍然存在不履行义务的情形，导致孤儿处于事实无人照顾或忽视的状态，严重影响孤儿的生存与发展。

第二种情形，亲属没有法定的义务，但负有伦理上的优先义务，在不愿承担抚养责任时引发矛盾。杨生勇（2010）基于对我国中部某镇农村艾滋孤儿的研究发现，在没有遗嘱托孤时孤儿抚养人的确定遵循以下顺序：爷爷奶奶首选，伯伯叔叔次之，姑姑再次之，上述三类人员没有抚养能力时才轮到外祖父母或舅舅。因此，从传统价值观和社会期望上讲，伯伯、叔叔对于孤儿有抚养义务。但是，根据我国现行法律，如果伯伯、叔叔不愿意担任孤儿的监护人，他们也就没有法律强制的抚养义务。因此，孤儿的抚养责任划分就会产生传统与现代、情理与法的矛盾。受访孤儿中，汪跃、吴金、韩林均有伯伯或叔叔，且都有负担能力，但父亲的这些兄弟们不愿意承担抚养责任。因此，汪跃由年迈的姥姥抚养，韩林由姑姑抚养，吴金则辗转于伯伯和外婆家。汪跃有三个伯伯、一个叔叔。父母去世后，他的伯伯、叔叔们都不愿意抚养他，他的一个亲属表示要把他送到福利院。汪跃的外婆不同意送到福利院，无奈之下，82岁高龄的她担负起照顾责任。汪跃说："我姥姥就说，你们不养，我自己养……所以我姥姥有时候生我伯伯、叔叔们的气。我跟他们的关系也不亲切，他们很少来看我，非常非常少。"另一位被访者韩林，成为孤儿后伯伯们不抚养他，村里将他送到乡敬老院，在与老人们生活了一年后，韩林被接到姑姑家生活，不久之后又被安置到大伯家。在他们成长过程中，上述三名受访孤儿与自己的伯伯、叔叔们关系疏远，对他们不承担抚养责任颇有怨言。

第三种情形，没有正式确定抚养人，缺乏固定的照料者。苏枫、王雨和谢菊都属于这一类型。她们十六岁左右成为孤儿，因为接近成年，没有获得正式安置，他们或独自生活，或与弟弟妹妹一起生活。如前所述，关于监护人的确定法律规定了具体方式。但实际生活中，孤儿无法表达和主张自己的权利，亲属缺少对相关法律的了解，政府缺乏积极干预或监督，导致了上述孤儿既没有经亲属协商确定抚养人，有关组织也没有指定抚养人。她们实际处于一种无明确监护人、无固定抚养人的状态。苏枫就是一个典型的例子。

> 我的身世挺传奇的。至今都不知道我的亲生父母是谁。脐带刚剪断，就被放到我养父家门口。养父离婚之后未娶，收养我时已经47岁了，一直在外边打工，半个月回家一次。奶奶带我，吃奶粉长大，5岁时候奶奶去世……养父62岁心肌梗死，无法治愈。养父去世后，我就处于漂泊状态，有时去我姑妈（养父的妹妹）家待几天，再去F阿姨（镇上一位好心的女士）家待几天，或者去叔叔（养父的弟弟）家待几天。

另一位受访孤儿谢菊，家在贵州山区，16岁时成为孤儿。谢菊姐弟三人，她是老大，大弟弟比她小一岁。父母去世时谢菊和大弟弟都读高一，小弟读初中。谢菊有三个伯伯，都住在同一个村子。她说伯伯家经济上都不太宽裕，不愿抚养她们姐弟三人，因此她带着两个弟弟独立生活。为了缓解家庭经济困难，谢菊课余时间出去打零工，姐弟三人还向学校申请救助，学校为他们组织过募捐。高中毕业后，大弟弟把接受"孤儿助学工程"项目资助来B学院读书的机会给了谢菊，自己在家附近打工，并照顾小弟继续读高中。

没有固定抚养人、独自生活的孤儿为了生计，不得不辍学、做童工或外出流浪，年长一点的孤儿还要照顾弟弟妹妹（尚晓援，2008）[190]。王雨和谢菊不仅要自谋生计，而且还要继续读书、升学，甚或照顾弟弟妹妹。她们的课余时间及寒暑假基本上都用来做工挣钱，身心压力之大可想而知。单独或与其他儿童一起生活，孤儿难以获得足够的保护、情感支持和生活学习指导，不利于身心健康发展。

儿童、青少年丧亲之后更加脆弱，亲属及其他人的接纳和支持可以帮助他们缓解伤痛，避免他们进一步受到伤害。但安置之难可能会使他们再一次感受到被抛弃，使身心的创伤更加恶化，毕竟他们不久之前刚经历了父母早逝。无法获得良好安置的散居孤儿不得不在艰难的环境中成长，他们还将遭遇更多的心理社会逆境：生活贫困、缺乏指导、社会歧视等问题。

第三节　养护困难

一、祖辈养护下的照顾压力

祖辈（祖父母或外祖父母）抚养是散居孤儿最常见的照管类型之一。深度访谈的30位散居孤儿中，16人曾由祖辈抚养，其中13人接受过祖父母抚养，3人接受过外祖母抚养。在祖辈养护下，孤儿生活面临诸多困难。

（一）祖辈养护能力不足

祖父母、外祖父母承担起抚养责任时，都已经到了需要他人照顾的年纪，自身经历着丧失子女、身体老化、劳动能力弱化、贫困等问题。为了抚养孤儿，他们必须从事劳作换取微薄的收入，必须日复一日照料（外）孙子女的日常生活，多重压力之下他们不堪重负，心力交瘁。祖辈及家庭承受的这些压力增加了散居孤儿的脆弱性。雨芳从小就和爷爷一起生活，随着爷爷年龄越来越大，她的压力感受也越发强烈：

> 从小到大，是爷爷在照顾我。爷爷的身体不是很好，家里的农活又多，每次放学回家都能看到爷爷拖着疲惫的身体在田里干活。我几次想去帮爷爷分担一些，可是都被他拒绝了。在我上高中的那几年，爷爷的身体越来越不好。我每天很无助……那个时候我才真正感受到这个社会的孤独与寂寞，我多希望自己可以逃离这一切！那样至少我和爷爷都不用生活得那么痛苦。

汪跃的外祖母82岁高龄时承担起抚养任务，备受艰辛。汪跃感慨地说："我姥姥一点点拽，一直把我抚养到现在，非常不容易！"

一些抚养孤儿的（外）祖父母因为身体劳累、压力过大或自身健康问题，在孤儿的情感、教育等方面缺乏关心。例如来自甘肃农村的建武，大部分时间由爷爷奶奶抚养，谈到他与爷爷的关系时说："我爷爷不怎么支持我读书，他早早就跟我说放弃（上学）吧。他觉得他每天活得挺累，我一个大小伙子回到家还能帮他干点什么。"可见，爷爷与建武在继续读书还是回家帮助干活上产生分歧，主要是因为抚养的压力。

（二）祖辈养护的不稳定

祖辈养护有时无法持续，孤儿需要再次安置，由此给他们带来新的不稳定和失落感。深度访谈发现，由祖辈抚养的 16 名被访者中有两名在未成年之前经历了抚养人去世。长文、伟国在成为孤儿后由祖父母抚养，长文在十三四岁时祖父母相继去世，伟国 14 岁时祖父去世。另外，还有两名被访者的祖辈（吴金的外婆、晓晨的奶奶）尽管不承担抚养的主要责任，但与被访者长时间一起生活，被访者对其有着很深的情感，祖辈的去世也让他们再次遭遇打击。

二、其他养护形式下的照顾困难

深度访谈的被访者中有 11 人由伯伯或叔叔抚养，1 人由姑姑抚养。由于正值壮年阶段，叔伯辈抚养在经济状况、受教育程度、时间精力等方面要优于祖辈抚养。不过，这些叔伯辈亲属有自己的家庭和子女需要照顾，而且抚养孤儿也需要配偶、子女的同意和配合，因此，抚养孤儿在增加生活负担的同时也增加了家庭产生矛盾的风险，使得被抚养的孤儿不被新的家庭所接纳。受访孤儿中，阿布来自四川农村，不到一岁就在伯伯家生活。伯伯自己有 3 个孩子，再加上阿布，一家要抚养 4 个孩子，负担较重。伯伯与伯母因为抚养孩子的负担问题经常发生争吵。

有一些散居孤儿在亲属抚养环境下，未能获得较好的保护。新剑在 6 至 16 岁期间是由二姑抚养的，但二姑家并未能保护他免遭周围人的欺负与伤害。

> 新剑：那些邻居老是埋汰我，歧视我。一次有个人骂我，我也是急眼了，拿石头砸他。他就把他家人找过来要跟我算账。我跑到外边不敢回家。（研究者：你为什么没有告诉你姑姑家人，让他们帮你？）我这样的货，反正也没有人能站到我身后给我撑腰……有一次，姑父带我上澡堂，他的一个朋友把我的头按在水池里好长时间，我的脑袋都疼了好几天，姑父也没管。对这事我很生气……还有一次，住楼顶的邻居拿玩具枪打我，这个事我跟我姑姑讲了。但是我姑姑他们并没有带我找这个人，也没人帮我。所以后来再碰到类似的事，我都不说了，忍着。总忍着，（愤怒）就像气球似的越憋越大，憋到哪天，碰到什么事把我惹急了，估计就会像火山一样爆发。

有些散居孤儿还遭遇了抚养者的打骂。建武就曾有过这样的经历。读小学时在大伯家生活的一年多时间里建武被大妈打骂，后来只好回到爷爷奶奶家。他说：

> 小时候就因为（抚养）我（的缘故）吧，我大伯跟我爷爷奶奶闹得挺不愉快的。我很小的时候，刚上学那会儿，可能是让我大伯抚养我，我就在大伯大妈家住着。我大妈从来也没有对我有好脸色，对我非常苛刻，让我洗碗做家务，干很多活。有时候大伯不在家，她就对我动手打骂，不知道什么原因她就会暴打我一顿。慢慢地我就感觉我很恨她，恨不得立马打她几拳头。在大伯家生活了一年多，大妈对我不好，我就回到爷爷奶奶家了。

在替代养护的家庭生活中，遭受抚养人的打骂或疏忽照顾也是孤儿可能遇到的风险因素。对于承受了丧失父母、身份与生活环境改变等压力的儿童、青少年，遭受替代养护人的打骂或者忽视无异于雪上加霜。

三、替代养护难以满足孤儿心理社会需要

散居孤儿都经历了父母去世、照顾者和生活环境的改变等负面生活事件，以及这些巨大变化导致的混乱状态。他们容易出现情感、社交、学习等方面的障碍。孤儿是有特殊需要的孩子，而祖父母等照料者往往缺乏意识、知识和技能来帮助他们缓解丧亲创伤、重建社会联结和恢复正常生活秩序。在替代性养育环境中，抚养人比一般的父母更需要具备有效的养育技巧和监护能力。家庭监护能力一般包括：基本生活照顾能力、安全保障能力、情感传递能力、提供认知刺激能力、指导培养儿童社会生活的能力、保持稳定持久人际关系的能力等（童小军，2015）。散居孤儿的家庭监护能力不足主要体现在三个方面，一是认知层面，认为孤儿"命苦"，以后不会有太大的出息和前途，这种悲观消极的思想降低了对孤儿教养和未来发展的要求，较多关注其基本生活需要，从而忽略了孤儿的情感需要、免遭歧视与排斥的需要、自尊的需要，以及教育发展的需要。二是在技巧层面，传统的儿童教养方法不能够完全满足孤儿的成长需要，抚养者缺乏相关知识和技巧去帮助孤儿克服由于早期不良生活经历所造成的各种问题，尤其是处理丧亲导致的哀伤。三是养护者缺乏专业支持，尤其是心理、社会工作等专业层面的支持和服务。

儿童、青少年的养育涉及多个方面，包括照顾日常生活、保障身体健康和安全、进行思想和行为的管教、安排接受教育，以及谋划未来的发展等，是一项长期的工作，同时也需要付出金钱、时间和精力。孤儿的替代养护无疑增加了抚养人的负担，照顾压力会对抚养者的身体、情绪和精神带来负面影响，也容易引发抚养家庭成员之间的矛盾，使得被抚养的孤儿难以获得健康成长的环境。

第四节　经济贫困

联合国儿童基金会（2005）将儿童贫困界定为"无法获得其生存与发展所需的物质、精神及情感资源，因此无法享有自己的权利、发挥自身潜能，或作为平等的社会成员实现充分参与"。这一界定将儿童贫困的内涵从单维上升到多维，从经济贫困转向儿童在营养、健康、饮水、住房、教育和幼儿期发展、使用童工、闲暇和文化活动、信息、暴力、登记注册、表达自由等多个维度上的被剥夺。目前，越来越多的研究使用多维度测量儿童贫困（秦睿、乔东平，2012）。本节讨论散居孤儿的贫困问题主要聚焦于经济贫困，更多的维度在本文的其他章节有所阐述。

个体发展经历一个从依靠他人抚养和照顾到逐渐独立的过程。在未成年阶段每个人都是脆弱的，没有办法自立，只能依赖成年人。儿童贫困是个体尚未成年、处于依赖阶段时发生的贫困。因父母角色缺失，孤儿群体面临更高的致贫风险。同时，与一般儿童比较，孤儿的贫困经历也更为复杂和特殊。下文将呈现散居孤儿在日常生活中是如何经历、感受贫困的，以及贫困给他们的教育、人际关系、心理带来的负面影响。

一、家庭生活拮据

祖辈抚养是最主要的散居孤儿抚养模式。祖父母本身就是老年人，已经失去了原本的劳动能力，失去了生活的保障。访谈发现，一些农村户籍的散居孤儿，其祖父母或外祖父母通过务农、做临时工获得一些收入；一些城镇户籍的散居孤儿，其祖父母或外祖父母依靠退休金、做临时工、领低保金等方式维持生计。这些老年人中许多也依靠子女的转移支付获得部分收入。在自身面临贫困风险的情形下，抚养孤儿所包括的基本生活、医疗保健、教育等费用对这些老年人是额外的支出，会让许多由（外）祖父母和孤儿组成的祖孙家庭有很高的贫困发生率。良娟家在陕西农村，父母因病去世后，留下了她和弟弟、妹妹，外祖父母抚养他们仨。良娟这样描述自己拮据的生活和感受：

> 爸爸妈妈走了以后，我们就与外公外婆一起生活。外公以前是教师，抚养我们的时候已经退休了。一家五口就仅靠着外公那点退休金和政府给我们的一些救济款维持生活。有时候外公去给一些学生补课，快到春节的时候也写些对联到集市上卖钱；外婆

> 她自己种菜、养鸡、养猪……外公外婆一天到晚要操心柴米油盐，还省吃俭用地供着我们姊妹几个上学读书，我感到很心酸。

二、穿别人送的衣服

汪跃11岁成为孤儿，姥姥独自照料他时已经82岁了。姥姥没有退休金，住在廉租房内，靠政府发放的低保金和捡废品卖钱维持两人的生活。姥姥有时候领着汪跃四处捡废品卖钱，周围人都认识他们。汪跃记忆最深的就是小时候自己的衣服都是别人送的旧衣服和舅妈寄过来的衣服：

> 我姥姥带着我捡破烂，周围人都认识我姥姥和我，都觉得我姥姥非常不容易。遇到好心人，知道我家没有钱买，家里小孩不穿的衣服洗干净给我姥姥。我舅妈一年也给我寄来两件衣服，我来回穿，要不就是穿别人送的那些衣服。记得我第一次买衣服是在读初三的时候，我姥姥领我去买的，因为那些旧衣服我确实是不能穿了。

三、因缺少零花钱被社区歧视

新剑从6岁开始被寄养在姑姑家，因为"手头没钱，嘴馋，也不好意思找姑姑要钱"，所以"经常从垃圾堆里捡东西吃"。新剑有时候还从垃圾堆里翻找一些玩具，因为"看别的小孩玩，我没有，只好在垃圾堆捡别人扔的玩具去玩"。而且新剑还强调说"二姑没有给我买过玩具"。不仅如此，有一段时间新剑还偷偷捡一些塑料瓶去卖，挣些零花钱。他说："我都是很早很早就起床去捡，晚上早早睡、早上早早起，很少有人知道我捡瓶子，我姑姑她们都不知道。"正是上述这些行为，社区里的一些人经常歧视他，这让新剑感到非常压抑："我经常从垃圾堆里捡吃的、捡玩具，还捡废品卖。周围人说我是傻子，小孩、老人都欺负我，见到我就用话损我，我极度自卑。"

四、经济困难导致教育受限

因为缺少经济支持，散居孤儿的教育机会受到较大的限制。他们在教育方面经历的贫困主要表现在以下几个方面：

第一，在义务教育阶段或高中阶段没钱上学。高山是在小学阶段就经历了没有生活费上不了学的困境。他母亲去世后，父亲不仅不承担养育责任，还沉迷赌博，欠了很多债，家里的房子也被父亲卖了，钱都被父亲拿去还了赌债。爷爷凑不齐生活费，后来区教育局局长出面协调才得以上学。高山至今仍然感恩那位局长："如果没有他那句话或者批条的话，我上学可能有些困难，在上小学的时候就卡住了，就不可能今天来这上大学了。"另外一个被访者晓晨在读中学时经历了两次借钱的经历。一次是在上初中的时候："我有一年没生活费，国家给的钱都是我哥霸着，一分钱都不给我。我奶奶带着我去求我二叔借钱，但（二叔）到底也没借给我。我记得特别清楚。（研究者：后来从哪借的？）从我一个大爷家，不是很亲的（亲戚）。我二叔没借给我钱，后来我就再也没去过他家。"另一次是在上高中的时候："上高中也是没有钱，差点报不了到。当时学校报到处的那个人跟我说，就算有录取通知书，如果交不了钱就报不了到。我给我老舅打电话，他们现借的钱，最后顺利报到了，要不然我可能高中都念不了。"

第二，因为教育负担，受访孤儿自己或他们兄弟姐妹被迫过早离开学校。因为自己和弟弟妹妹三个人一起上学的费用负担太大，良娟选择了退学，外出打工，她说：

> 为了让外公外婆的负担轻点，也为了让弟弟妹妹能更好地上学，我初中毕业就没再去上学，跟我们村里的大人一起出去打工了。三个人都上学读书的话外公外婆压力太大了，我心里也不是滋味，因为我是家里的老大嘛。（研究者：对你不上学、出去打工外公外婆是什么意见？）他们也反对，但是家里条件太差了，也没有别的办法……这样我就开始了我的打工生涯。记得那会儿一个月的工资并不多，除了我日常的生活费以外，其余的钱我都会寄到家里。即便有时候不给家打钱，最起码不再伸手向家里要钱。

访谈也发现，当受访孤儿和兄弟姐妹一起上学时，他们的兄弟姐妹失学的风险也比较高。长文的姐姐、谢菊的大弟弟、池贵的大妹妹为了支持他们读书选择了自己退学。池贵说："我读初二，她读初一，当时是我们家最最艰难的时候，只能选择一个人继续读书，两个人（读书）的话负担太重了。实在没办法，我妹妹就说，算了，让哥哥读，她去打工。那一年她才十三四岁，就是小学刚毕业那年。从那以后她就一直在外面打工，我们家的零花钱，我的学费、路费、零花钱都是她给的，衣服都是她给我买的。"

第三，多数受访孤儿都面临没钱上大学的困境。成丽考上了大学但没钱去："2014年我参加我们省的高考，考上了省工业技术学院，家里没钱也没人资助，上不起，我就没去读书。"另一位被访者谢菊，她和大弟弟高中毕业都符合到B学院读书的条件。但因为家里面还有一个小的弟弟在读高中，也需要钱，需要人照顾生活，谢菊的大弟弟就放弃了继续上学的机会，让谢菊来B学院上学，自己在家附近打工并照顾小的弟弟。

2010年我国实施孤儿基本生活保障制度，散居孤儿按每月不低于600元的标准领取生活津贴。近年来，随着经济社会发展，许多地区提高了孤儿生活津贴标准，孤儿的生存需求已基本得到满足，但仍然普遍面临贫困风险，他们生活拮据，教育受限，并且因为家庭贫困在社区里地位低下。

第五节　学业困难

访谈发现，丧亲创伤、经济贫困、缺乏指导，以及学校不当管教等因素导致了不少受访散居孤儿在学业上表现不佳，出现失学、逃课等风险因素。

一、创伤事件影响学业

丧亲等创伤事件不仅对儿童心理造成强大的冲击，在他们幼小的心灵上留下深深的疤痕，还严重影响了他们的学习动机和学业表现。一些孤儿在求学期间经历丧亲或其他创伤事件，使他们对未来充满悲观的想法，导致学习动机降低，获得学业成就的信心减弱。几位被访者如红英、晓晨，在经历家庭变故后不久就萌发了中断学业的想法。

> 红英：(爸爸妈妈)他们都是因为车祸去世的。那时我读初三……也受了挺大打击。
> ……
> 研究者：初三应该是要面临中考？
> 红英：对。
> 研究者：影响你考试了吗？
> 红英：有。要不然我也不会考那么差的成绩。中考之后，我就想着不上学了。

另一位被访者池贵家在四川凉山州，母亲去世后，父亲吸毒、酗酒。为筹措买毒品的钱，父亲变卖了家里所有值钱的东西，还与池贵的爷爷奶奶发生激烈的冲突。正在读初中的池贵一度觉得自己前途无望，也没有心思学习，打算辍学外出打工。他回忆说：

> 我记得他（父亲）吸毒最厉害的时候就是我读初中的时候。家里有时候想吃饭都吃不了，他在那里闹事。有一年他跟我奶奶吵架、打架，我奶奶喝了农药，差一点就死了，给抢救回来了。他还是不改，他还是照样吸毒，照样混日子。我当时也觉得家里没有希望，觉得没什么必要去好好学习、生活，真的有过那种一走了之的想法。我想过。但是后来我真的不敢。为什么不敢呢？因为我要是一走了之，我奶奶怎么办？我爷爷怎么办？我妹妹还很小。当时想到这些就害怕，我就自暴自弃，我连续逃了一个月学。反正也没希望，反正也升不了学，反正也交不起学费，反正也没收获。就这样自暴自弃特别厉害。

二、家庭因素影响学业

Ogbu（1986）指出，导致青少年学业失败的主要因素包括：贫穷，家庭中认知激励的不足，父母教育程度低，身边重要的成年人没能给予积极的肯定、合理的预期和社会赞许。访谈发现，散居孤儿学业不佳的家庭原因主要包括：担忧家庭无法支付学费而影响了学习，抚养人缺乏能力指导学习，抚养人对孤儿的学业期望较低。

因为家庭贫困，一些受访孤儿担忧教育费用导致心理压力大，影响了学习。晓晨谈及自己学习不好的原因时说："因为初中的时候总没钱，当时特别困难，心里也特别难受。所以也没心思上课，成绩一点一点越来越不好。"另一位被访者雨芳在读高中时也因为学费问题内心十分矛盾和挣扎：

> 我很想上大学，可是那时的我根本没有资格谈论大学。我渴望大学里面的图书馆，渴望那遥不可及的大学生活。可是现实很残酷，尽管我很努力很努力，但总被现实所打败。那时在学校，我就经常想万一考上大学怎么办？学费怎么办？

一些祖辈抚养的散居孤儿，因为老人自身教育程度低，也缺乏相关资源，无力指导学习和辅导功课。例如，汪跃谈到学习上的困难时说：

> 我记忆最深刻的事就是我姥姥不会辅导我功课，我有的题不会做，她就带着我去找一些大孩子帮我。比如说我读小学，会找一些读初中的学生去给我辅导。姥姥看见高年级的大孩子教我会做了，回来后让我再做一遍，就这样一点一点学。

另一位被访者建武，他的爷爷对他的教育没抱什么期望，不支持他读书，早早就劝说建武放弃上学。好在有奶奶鼓励，建武去学校的时候奶奶经常偷偷多给他一些零花钱，鼓励他去学校上学。

三、学校因素影响学业

Neisser（1986）认为社会阶层（例如较低经济背景的儿童在教育上比中产阶层的同伴差）、教育系统内的偏见都是影响学生学业表现的因素，那些贫穷的学生、少数族群的学生等尤其容易受到学校体制的不公平对待。

在竞争激烈的教育大环境下，学校和教师追求班级整体表现，重视那些学习好、符合成年人期望的"优秀"学生。而来自贫困家庭、学业上落后的学生容易被当作"问题"学生对待，很难引起老师们的重视。然而从教育的本质看，这些弱势青少年是最需要老师去关注、最需要帮助的一类孩子。学校和教师面对"问题"学生缺乏耐心和同情心，甚或产生偏见，使得这些学生在学校生活中成为边缘群体。例如，游亮就坦承自己在读初中时就是一个"问题"学生，不受老师待见。

> 我读初一时逃课，学长一逃课就叫上我，我跟着他们走了，管不住自己。初二打架，那时好像每一场学校打架我都在场。有些时候是人家带我去打架，有些时候别人把事情指向我了，我又去叫人给打回去。初三好像天天在教室睡觉，感觉逃课没意思了，打架也没意思，听课又听不进去，只能趴着睡觉了……老师知道我家的情况，也不管。我姑姑她大概也知道我在学校表现不好，不过，学校很少跟她沟通。

第六节　歧视与耻感

本节主要讨论散居孤儿来自外部的歧视与自我感受到的污名,以及耻感这种负性情绪体验对散居孤儿的心理社会发展会产生怎样不利的影响。

戈夫曼最早把"污名"(stigma)一词引入社会科学领域。在其《污名——受损身份管理札记》一书中,戈夫曼(2009)把"污名"定义为个体在人际互动中具有的"令人大大丢脸的特征",并指出,除了身体残障者、精神病患者、同性恋者、少数种族等这些蒙受污名者,孤儿也处于不为社会所充分接受的困境,是"生来就有污名的人"。

一、外部歧视与疏离

现代社会中,理想的家庭是父母和子女两代人所组成的核心家庭。未成年子女在父母庇护下成长被视为一种常态,也是人们普遍的期望。但是,正如学者 Walsh (2013)[34] 所述,我们对于"正常家庭"的描述与认知,会病理化或污名化那些不符合完整核心家庭模式的关系模式。每一个孤儿都拥有不完美的身世,即戈夫曼所讲的"受损身份",他们从失去父母伊始就被社会打上了特殊的烙印,被划进"孤儿"这个群体。因为"孤儿"身份,在日常生活中,受访孤儿经常会遭受来自学校、社区的不公正对待,让他们感觉很丢脸。

学校是儿童重要的学习生活场所。因为孤儿身份,散居孤儿在与普通同学和老师的交往过程中容易受到歧视。大丰就经历过同学对他的歧视性态度,令他十分受伤害:"最开始只有老师知道(我是孤儿),跟同学没有讲。没讲之前呢大家都玩得非常好,就经常在一起玩。初二年级时有一次老师在班上说了我是孤儿,大家眼神就一起朝我看过来。第二天就没有一个人过来跟我讲话了,连玩都不跟我玩,感觉我是瘟神似的。"另一位被访者佳琪也有相似的经历:"初中时候,我和班上一个同学吵架,他就说'你有什么了不起的,不就是一个孤儿吗?'。他把这个事情捅出来之后我特别伤心。孤儿最大的问题是没有安全感,总担心社会用异样的眼光看你,觉得你不好,那种眼光给你伤害。"

正因为担心周围人"用异样的眼光看你",受访孤儿中大多数在学校都小心翼翼地管理着自己的孤儿身份信息。有的孤儿只有班主任老师知道其身份,因为学生费用减免、贫困补助等事项需要班主任经手;有的孤儿会将自己家庭情况告诉关系最好的几个同学;有的孤儿在与老师和同学谈及家庭情况时采取回避态度。例如志锋就说:"我不会告诉别人(孤儿身份)。但是一个谎需要另外一个谎来圆，同学之间谈到跟父母有关的事情时我就不说话，万一人家真问起来，我就转移话题。"在学校生活中，不管是直接面对周围人的歧视性态度和行为，还是尽力隐瞒自己的孤儿身份，都给被访者带来不小的精神压力。

散居孤儿有时也要面对来自社区的歧视。与在学校不同，他们的孤儿身份在社区之中几乎是公开的，尤其是在农村，可以说是家喻户晓。面对人们的指指点点和背后议论，散居孤儿脆弱敏感的心会难受，他们会因此减少社区参与。晓晨就说："以前我们村里人就说我妈我爸这样那样，在背后就说（我）这丫头怎么样，我（听到后）心里特别别扭，想以后再也不提这些（家里的）事。"另一位被访者长文也遭遇了社区居民不公平的对待：

> 每年过年的时候，镇上发放一些被子、衣物，村里通知我们去领。村里面就有很多人不服，说一些嘲讽的话。他们觉得你特别弱，可以欺负你。有些人还经常煽风点火，逗我说："叔叔阿姨对你不好，你还读书干嘛？直接去打工得了。"我也不跟他们计较，我一直相信，就是我叔说的"穷人家孩子早当家"，一定要读书出来。我遇到那些人都是绕着走，不跟他们玩。

社会关系的不确定性也让受访的散居孤儿感受到自己被人瞧不起。父母去世后，他们的一些亲朋好友会逐渐淡出他们的视线，逐渐远离他们。例如汪跃说："我有三个大爷，一个叔叔，我爸没了之后他们也不管我。除了我三大爷过年会来看看我，其他的很少有来往。我大爷、叔叔他们不管我，就是说不看好我，觉得我不能出息成一个人。"韩林也有同样的遭遇："二伯、三伯呢，也不管我，有的时候碰面了，就问一句'韩林来了'之类的。"

二、内在的耻感

（一）抚养者高昂的付出加剧孤儿的内疚感

许多散居孤儿的抚养者尤其是老年人为了照顾孤儿日常生活、供其上学，不得不辛苦劳作，节衣缩食，有时甚至是牺牲自己的健康。抚养者这种高昂的付出会加剧孤儿心里的内疚感。在深度访谈中，长文、雨芳、池贵等3名被访者均表达出对抚养自己的爷爷奶奶的愧疚心情，小武则是对常年患慢性病但是一直照顾自己的伯母有一种强烈的不忍之心。

> 长文：父母不在了，基本上是爷爷奶奶抚养的……我唯一遗憾的是，在我读初一、初二的时候，爷爷奶奶去世了，不能在我大了的时候照顾他们，心里觉得（对他们）有亏欠……爷爷奶奶用他们晚年的时间供我生活、读书，浪费了他们的生命。

（二）自我形象变得卑微

经历了父母接连丧亡这样的悲剧性事件，经历了生活环境中直接的或潜在的歧视，以及一些社会关系的疏离，让一些孤儿的自我认知变得低下，产生了较低的自我价值感和自我预期。例如，建武说："人家了解你的身世后看你的眼光还是不一样，虽然这眼光我是看习惯了，但是被别人这样看着还是不舒服，就算你比别人再强，你身上还是有这个污名。"另一位访谈对象宁宁也表达了类似的自我矮化心态：

> 研究者：请谈谈你的学习情况。
> 宁宁：我就感觉我们这种孩子（孤儿）脑子不好使。
> 研究者：为什么这么认为？
> 宁宁：因为我们的情况，从小就不是在很好的环境中生活。

（三）自我身份敏感

自我身份敏感主要是指孤儿担心来自非孤群体的歧视与偏见，从而产生对孤儿身份的消极情绪体验以及在人际交往中表现出隐瞒其孤儿身份的行为倾向，其具体行为表现是：孤儿担心来自他人的嘲笑、疏远和不公平待遇，以及孤儿由于自己的污名身份而感到孤独、郁闷、自卑、难过、尴尬等（王江洋等，2017）。这种自我身份敏感在散居孤儿与同学或不太熟悉的人相处过程中表现得尤甚。例如黄园在 B 学院老师和同学的眼中都是一个学习上进、各方面表现优异的好学生，但在内心深处她也有一种自卑，也敏感于自己的孤儿身份。她说：

> 你可能不会想到，刚入学的时候我是个深深自卑的女生，不敢和别人提起自己是××班[①]的学生，害怕别人异样的眼光，害

[①] 在 B 学院，该班属于集中成班模式，班里的学生全部为孤儿。

> 怕别人不能把自己当成普通学生一样相处……在分配到自己系里时，我又在害怕，班里的普通同学会不会排斥我？会不会瞧不起我这样的孩子？我能不能与他们很好地相处？

一些深度访谈的被访者则讲述不是怕别人知道了自己的身份后歧视自己，而是担心别人知道后对自己同情，让他们的自尊心受伤害。的确，社会对诸如精神疾病患者、残障者，以及社会救助中的受助者等群体大打同情牌，体现的不是平视，不是尊重，只能加重他们的耻感。例如，志锋讲述自己以前是一个很弱小的孩子，最不喜欢的就是人们对他的同情，他很抗拒，觉得人们看不起他，自尊心受不了。他说："初中时候老师和同学知道自己是孤儿。高中时没有告诉，懂事了，怕人家知道了同情你，自尊心受不了。"可见，被访者尽量避免向同学和老师提及有关自己孤儿身份和家庭情况的信息，是出于维持自己地位和认同感的需要。

（四）"认命"的思维模式

成为孤儿后，一些孩子曾陷入深深的自卑之中，觉得自己跟有父母的孩子不一样，没有了安全感，生活艰难，也看不到希望。他们认定自己是"倒霉蛋"，认为自身再多的努力也未必能改变生存状态，也不敢去尝试新事物。这反映了"认命"思想和思维模式的产生。中国人的命运观沿袭几千年，这种底层思维让诸如孤儿这些弱势群体容易在面对逆境时觉得无力改变。例如晓晨说："之前觉得自己遇到这些事，就是命不好。总是想自己怎么跟别人不一样，别人咋不遇到这样的事？"另一位被访者佳琪也有同样的表述："（孤儿）这个标签多少对我有些影响，毕竟我们这样的孩子都有这个命。"

第七节　风险因素的特征分析

一、在成为孤儿之前、丧亲期间和之后都可能经历负面生活事件

研究发现，许多被访者在成为孤儿之前就遭遇负面生活事件。这些负面生活事件主要跟父母、家庭状况有关，包括父母罹患重病、吸毒、酗酒、赌博，以及父母离异、家庭贫困等，少数受访孤儿自身也存在先天残疾或疾病。家庭深陷困境及其功能失灵常常导致儿童的身体和情感需要得不到满足，处于缺乏社会支持、贫困的生活环境之中，对其健康成长产生负面影响。例如，佳琪15岁时成为孤儿，但早在10岁时，母亲罹患癌症，她被送到奶奶家生活直至母亲去世。

2005年首次全国性孤儿登记排查结果显示，儿童致孤原因中排在首位的是父母因疾病去世，占比为62.2%（尚晓援、程建鹏，2006）。从这一数据可以推论，在父母去世之前许多孤儿就已经生活在父母重病、自己缺少照顾的困境之中。

二、风险因素的负向连锁反应

连锁反应是指相关事物的发生像锁链似的一环扣一环，例如事件A引发事件B，事件B引发事件C。父母早逝是一个关键的危险因素，带来负面的连锁反应（negative chain reaction）的可能性非常大，也就是风险预测风险。图5-1描述了被访者韩林在父母去世之后风险因素负向连锁反应的过程。丧亲对尚未成年的韩林来说，不仅仅是带来心理创伤和失去父母的照顾，还有一系列接踵而至的困境和压力。首先是安置困难、亲属关系疏远。随后，勉强收留和照顾他的大伯一家，未能提供足够的情感关爱和支持，在管教方式上比较粗暴。在缺乏外部支持和内在恢复能力的情形下，韩林发展出不良适应行为：逃课、打架、参加社会团伙等。反过来，这些偏差行为又影响到周遭环境对他的观感和评价，形成恶性的循环。

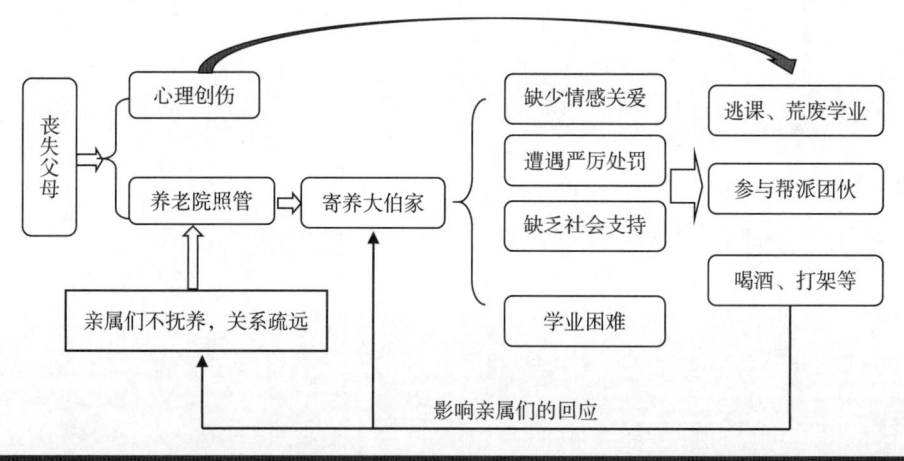

图5-1 受访者韩林的风险负向连锁反应过程

三、风险因素的累积效应

风险的累积（cumulative risk）来源于三种形式：风险因素的数量增加、同一风险因素重复出现和持续逆境的累积影响（Wright，Masten & Narayan，2013）。Rutter（1979）在较早的研究中就发现，当四种或以上风险因素同时出现时，儿童的精神症状问题大幅增加。后续的研究也证实，儿童出现问题的平均水平随着风险水平的增加而上升；随着暴露程度的增加，压力反应和疾病的风险也会增加（Masten & Narayan，2012）。从孤儿生命历程分析，可以发现风险因素很少孤立出现。他们遭遇的不是单一风险，而是多重逆境，并且呈现出显著的累积效应。对 30 名散居孤儿访谈发现，超过六成的受访散居孤儿经历了至少四种风险。对于一些受访散居孤儿，负面生活事件总是接踵而至，他们长时间生活在害怕和担忧之中，身心不堪重负。

除了风险因素的数量，丧亲这一风险因素在一些孤儿的成长过程中曾多次出现，包括丧父、丧母、主要照顾者去世或永久性分离等。例如长文、伟国、吴金、小武等 9 人就先后经历了多次丧失。一次接一次的丧失经历让这些孤儿更加无助，甚至绝望，正如受访者宁宁所说："在爷爷奶奶过世的那段时间，我几乎看不到一点希望，我也忘记了怎样微笑，那个时候我又一次感受到孤独和寂寞，我多么希望自己可以逃离这一切，那样至少我和姐姐不用生活得那么痛苦。"

第六章　亲属网络养护与散居孤儿的抗逆力

本章主要分析散居孤儿的抚养人、兄弟姐妹、其他亲属、家族成员等构成的亲属网络是如何发挥保护作用,帮助他们抵御多重困境的。抚养孤儿是一项长期、艰巨的任务,充满各种挑战。散居孤儿的亲属根据关系的亲疏远近、家庭经济状况等选择承担不同的抚养和帮扶责任,形成一种"主责—协助"的合作抚孤格局:一些亲属承担了抚养孤儿的主要责任,而另一些亲属则发挥支援作用,提供物质、情感或实际支持。当(外)祖父母去世或无力抚养时,叔伯姑或舅姨等亲属接力抚养。这是亲属们在面对巨大困难与挑战时形成的一种非制度化合作关系,它受传统家庭伦理的影响,也受制于成员间的协调和博弈。这一亲属网络类似于潘允康、林南(1987)提出的"家庭网"概念,所谓"家庭网"是指有亲属关系的家庭之间所组成的社会网络,其间具有较密切的关系和较强的凝聚力,并以日常生活中的频繁交往和相互援救为其主要特征。不过,合作抚孤的亲属网络是以孤儿为中心的,孤儿抚养是网络成员共同合作、努力的结果。

第一节　抚养人的养育和支持

一、养育的形式

30位受访散居孤儿中,除了王雨独自生活、谢菊与弟弟们一起生活外,28人均有成年照顾者。抚养人主要有以下几种形式:一是(外)祖父母担当起家长角色,承担起照顾(外)孙子女的主要责任。二是孩子被交给亲戚抚养,安置在叔伯姑或舅姨等亲属家庭中生活，属于亲属家庭寄养。三是非亲属寄养，是基于民间收养所形成的事实上的、而非法律上的养父母与养子女的关系，孤儿进入到养父母家庭，成为家庭的成员，但他们仍然是民政部门认定的孤儿。宇虹和大丰两名被访者就属于此种类型，在称呼上，宇虹称养父母为"叔叔婶婶"，大丰则称呼养父母为"姨妈姨夫"。四是孤儿的祖父（母）与未婚的叔、伯或姑等共同抚养，深度访谈对象中，吉庆和奶奶、未婚的姑姑生活在一起；高山和爷爷、未婚的伯伯组成一个特殊的家庭。在这两个特殊的家庭中，成年的姑姑、伯伯是家庭的主要经济支柱，和孤儿的祖辈一起承担养育责任。

孤儿的抚养并非总能保持稳定和持续。随着抚养人年迈失去抚养能力、去世、生病或其他变故，抚养会发生中断，孤儿不得不重新进行安置。深度访谈的散居孤儿中，有几例抚养人之间接力抚养的现象，例如长文、伟国、吴金等。长文早先由爷爷奶奶抚养，初中的时候爷爷奶奶相继去世，他就到叔叔婶婶家生活。伟国在爷爷去世后，奶奶年迈无力抚养，他和弟弟就搬到了大伯家生活。吴金曾分别寄居于大伯家和二伯家，也和外婆一起生活过一段时间。

二、养育和支持的主要内容

抚养人的养育和支持为散居孤儿提供了基本的生存和发展条件，包括生活照顾、情感关爱、行为管教、教育督促和链接社会政策资源等。

（一）基本生活照顾

在抚养人的照料下，散居孤儿获得了基本的生活保障。相对叔伯姑或舅姨等亲属寄养家庭、养父母家庭，祖辈抚养孤儿的祖孙家庭因缺乏壮劳力，收入来源少，往往经济比较拮据，生活清苦，但是抚养人省吃俭用，基本能维持孤儿的温饱。汪跃在姥姥独自照顾下长大。姥姥没有退休金，仅仅靠着政府的救济、拾荒卖钱和子女的接济，带着汪跃在县城租住房子生活。汪跃说起姥姥的照料："一直都是她在照顾我……尽管生活过得朴素一些，但是我的要求没那么高，能吃饱饭，有衣服穿，有学上，就很好了，我没有感觉到自己生活上受了多大的苦。"

长文小时候父母去世后，爷爷奶奶抚养他和姐姐："生活上怎么说呢，好吃的（爷爷奶奶）他们不吃留给我们吃。然后看到别的孩子吃（东西）我们没有，爷爷奶奶就自己去镇上买，买回来给我们吃。然后我们感冒不舒服，或者生病了，爷爷奶奶就会带我们去看病。不管是晚上还是白天，只要我们生病了，他们都会带我们去医院。"

（二）陪伴和情感支持

失去亲生父母对儿童的心灵有着相当程度的损伤，并且一些散居孤儿还经历了不太顺畅的替代性安置过程，这会大大妨碍他们的情感发展和社交能力。抚养人的照顾和陪伴回应了孤儿在亲密关系、关爱保护方面的需要，一定程度上弥补了他们的情感缺失。许多受访散居孤儿提到抚养人给予他们的陪伴和情感支持，帮助他们走出情绪困境，让他们心灵有新的归属。吴金对已去世的外婆充满感情，他对跟外婆在一起的快乐时光是这样描述的：

> 我从学校放假回家来，一般都不出去玩。我外婆喜欢坐在门前，然后我也在那坐着，要么写作业、看书，要么就和外婆唠嗑……外婆挺疼爱我的，心理上我跟外婆更亲近。每次我从学校回去，我都会给我外婆买些吃的东西，返校临走的时候我也会问外婆想要我给她带什么东西。

在孤儿感到失落和伤感的时候，一些抚养人能够给予开导和关怀。高山就这样表露："之前的时候看见有孩子在大街上玩，父母牵着他的手，我心里感觉很不舒服，然后回去跟爷爷聊过，也哭过。爷爷就跟我说有他在就什么都不用怕。后来我也慢慢好多了。"

一些散居孤儿因孤儿身份遭遇周围人的嘲讽，他们从抚养人那里获得情感支持。长文就是一例，他说：

> 有的同学知道我没有父母，就嘲讽我。（研究者：他们是怎么嘲讽你的？）他就说你父母不在，还上学干嘛？直接去打工算了。我听了心里挺心酸的（声音哽咽）。回到家我跟我叔叔婶婶说了，他们就开导我说："你别管别人怎么说，咱们穷人家孩子早当家，专心读书你将来肯定能读出个样来。"后来，那些同学再说我就当没听见，也不生气。我一直相信，坚持我叔叔说的"穷人家的孩子早当家"，不跟他们玩，跟那些成绩好的同学一起玩，他们不嘲讽我。

被安置在安全、稳定的家庭中，身边有熟悉和关注自己的人，能和家庭其他成员在一起生活，这些都可让散居孤儿从抚养人家庭中感受到温暖、信任和爱，从而帮助他们建立积极正面的情感寄托。反之，和抚养人家庭关系有罅隙甚至是激烈的冲突，抚养人因抚养负担或生活琐事发生争吵，散居孤儿则无法感受到抚养人对他们的支持和认可。前者例如晓晨，与哥哥嫂嫂的不良关系对她的心理造成了很大的压力；后者例如建武，爷爷奶奶之间无休止的争吵让他内心备受困扰。

（三）鼓励和支持接受教育

多数散居孤儿的抚养人在孤儿上学问题上持积极的态度，希望孤儿能多读书，将来能够凭知识和技能找一份稳定的工作。长文、良娟、吉庆等被访者都谈到抚养人对自己接受教育的重视。良娟是一个典型例子。抚养她和弟弟妹妹三人的外公外婆省吃俭用，供养他们上学。良娟说："外公经常告诉我们要好好学习，以后有一份好的工作。其实我能体会到外公外婆是想让我们有一个好的出路。"

有些孤儿因为家庭变故受到严重打击，丧失了上学的兴趣，但是在抚养人的鼓励和坚持下，孤儿得以继续学业。红英是在读初三的时候遭遇了父母车祸离世，这件事严重影响了随后的学习和中考，她说："那段时间都没心思学习，要不然中考我也不会考那么差的成绩。考完后都想着不上（学）了。爷爷知道了就说不行，必须得上学。我从学校带回去一本（招生之类）书，爷爷和我一起翻，然后就看到了那个（H孤儿职业技术）学校。爷爷就（打电话）询问了，人家说我符合报考条件。后来我就去那个学校上学了。"

汪跃的姥姥也是千方百计支持他上学。姥姥不会辅导汪跃功课，就带着他去找家附近一些高年级的孩子帮忙讲解题目。汪跃说："就这样一点点学，虽然说我的成绩不是那么优秀，但是我一直在努力学习。"

（四）行为管教

抚养人在散居孤儿的成长中也承担了其行为管教、指导的职责。吉庆失去父母后，一直和奶奶、未婚的姑姑生活在一起。吉庆的姑姑对她的管教是"比较严厉的"，有些方面对她的要求"挺高"，吉庆回忆说："有时候我想跟我朋友出去聚会，她不让我去。她就说一个女孩出去玩影响不好之类的话，不让去。她是怕我在外头学坏了。"

大丰的养母是一个基督徒，不仅教大丰一些教义，而且经常教育他"怎么做人"。大丰说："如果她不教育我，我现在恐怕就已经进监狱了。当初我来这学校的时候，我姨妈就跟我说过四句话，到现在我还记得。她教我要善良，要勤劳，不走捷径，要诚实。每次放假回家，她都要跟我说这些做人的道理。"

（五）寻求社会政策对孤儿的支持

抚养人也是孤儿的代理人，他们通过了解政策信息、主动向有关部门求助来帮助孤儿获得政策的支持。多数被访者都提及抚养人或其他亲属帮助他们申领孤儿津贴或其他救助。例如汪跃的姥姥、高山的爷爷经常到民政局询问政策情况。汪跃说："我高考结束之后，面临上大学。我姥姥就带着我去民政局，问有没有政策能帮我解决一些上大学的学费。民政局的人说上面有一个政策是关于孤儿助学的，可能只是高职，但能帮助我们家减轻一些负担。他把文件给我了，我和姥姥知道了这个项目，就决定报考。"

三、对抚养人养育和支持的矛盾感

一方面，能得到祖父母、外祖父母无私的照料、关注和支持，散居孤儿感觉是幸运的，对养育自己的祖辈充满了感激之情。谈及祖父母或外祖父母以年迈之躯抚养自己成长时，几位被访者用诸如"感谢""我是个幸运儿"等表达对自己在祖辈庇护下成长的满足感。例如，雨芳说："回想起小时候爷爷的陪伴，幸福的感觉总是那么令人回味！感谢爷爷，是他让我有一个安逸的童年。"池贵在访谈中反复强调自己很幸运："我觉得我很幸运，因为我从小跟我的爷爷奶奶生活……我是个幸运儿，我们那边是农村，人们都不重视教育，但是我爷爷奶奶一直支持我上学读书。"祖辈与孤儿有着直接的血缘关系，而且在孤儿丧失父母之前很多祖父母、外祖父母就参与抚育孙辈，与孤儿有着延续性的情感纽带。稳定而又相对温暖的祖辈抚养，有利于增强散居孤儿面对多重逆境的抗逆力。

另一方面，散居孤儿对于祖辈年老体弱仍要照顾自己、人生尽头仍不得休息始终心怀歉疚。他们用诸如"非常不容易""非常了不起"等词语来描述祖父母、外祖父母的辛勤付出，对自己给祖辈晚年生活带来的沉重负担充满心痛和遗憾。池贵这样表达自己的歉疚："我觉得我首先对不起我爷爷奶奶……我想的是以后要照顾好他们。"长文的爷爷奶奶抚养长文和姐姐，长文未及成年他们就去世了，长文说："我唯一遗憾的是，在我读初中的时候爷爷奶奶去世了，不能在我大了的时候照顾他们，心里觉得（对他们）有欠缺。"

第二节 兄弟姐妹的支持

除了来自代际的照顾和支持，兄弟姐妹之间提供的支持也是许多散居孤儿社会支持的一个重要来源。在受访的 30 名孤儿当中，长文、晓晨、红英和宁宁 4 人有哥哥或姐姐；谢菊、伟国、佳琪、池贵和游亮 5 人有弟弟或妹妹。这 9 名被访者在访谈中提到，不管是过去还是现在，他们都得到了兄弟姐妹在经济、情感、发展机会等方面的支持。

一、兄弟姐妹支持的主要内容

（一）经济支持

兄弟姐妹之间的经济支持主要是给钱和送礼物。多数情况是哥哥或姐姐给弟弟、妹妹一些钱。例如宁宁有一个比自己大三岁的姐姐，已成家。宁宁说："我读书期间，她（姐姐）经常给我钱，让我好好学习。"红英来 B 学院上学时，她的哥哥已经大学毕业在外省工作，时不时会给红英寄一些钱或礼物过来。访谈也发现，较早出来打工挣钱的弟弟妹妹们也会在经济上支持还在上学的哥哥或姐姐。池贵就是一个典型的例子。池贵有两个妹妹，他和二妹都在上学，较早辍学的大妹用打工挣的钱支持他和二妹上学以及全家的日常开销。池贵说："我到成都读书的时候，她（大妹）在广州那边电子厂上班。我上学的车费、我的零花钱都是她给的，衣服都是她给我买的。然后到这里（B学院）来读书，她也给我钱。上学期她还给了我两千块钱。这次寒假时候她给我们买了很多衣服，还给了我二百块钱。我们家里吃的、喝的那些都是她给我们买的。她小学毕业，就撑起家里头的担子。"

（二）建议和指导

受访孤儿也会从哥哥、姐姐那里得到一些具体事情的建议和指导，例如升学、人际关系处理和在学校应注意的言行等。红英在寒暑假的时候都会去哥哥工作的城市，与哥哥生活一段时间。红英介绍自己与哥哥的关系时说："有什么事拿不定主意我会跟他沟通，因为他毕竟大学毕业了，想得比我周全一些。不过他也不会替我做决定，他帮我分析、讨论事情该怎么办，有什么利弊，他会告诉我哪一种选择会更好。他尊重我的意见，让我按照我自己的意愿走。比如说这学期我在准备专科升本科的考试，也是跟他商量后决定的，他很支持我的打算。"

（三）情感上的支持

兄弟姐妹之间的情感支持是相互的。在父母去世后，谢菊与两个弟弟相依为命。访谈中谢菊就表示，在这边（B学院）有什么开心的事或不开心的事，她会打电话回去，跟大弟弟聊聊；并且坚持每个星期一给正在读高中的二弟发一条短信，给二弟也是给自己一番激励。另一位被访者佳琪，在访谈中坦言自己在高中时叛逆，"不想上学了，有一段时间觉得上学没有意义"，也想跟着同学混社会，但是想到自己对弟弟的责任，最终还是及时止住了错误的念头。她是这么介绍那一段经历的：

> 有一次同学过生日带着我去了，介绍了一个社会上的哥哥认识，30多岁男的，比较有钱。这个哥哥要了我的电话。之后他老给我发短信、打电话，约我出去玩。想玩什么就玩什么。他看我的眼神都不对，还对女同学动手动脚。一刹那，我觉得自己要是堕落下去，也没有什么不好，有了钱生活要什么有什么。别人有家庭，对我来说这些也不重要，我不需要对谁负责。但是后来自己又觉得这种想法很恶心。我家里还有弟弟，我弟弟在看着我呢，要是我堕落了，将来我弟长大了会以我为耻。

（四）把上学机会让给受访孤儿

兄弟姐妹之间支持的另一种方式是选择放弃自己的学业，将求学机会让给了受访孤儿，自己打工挣钱支持受访孤儿继续读书升学。在深度访谈中，有3个这样的例子：长文、池贵和谢菊。十三四岁的时候，长文的爷爷奶奶先后去世，之后长文和姐姐由叔叔婶婶抚养。长文升高一的时候，姐姐从高中退学。

> 我叔叔婶婶都是农民。叔叔家有一个弟弟，加上我和我姐姐，叔叔婶婶要照顾三个孩子。因为家里条件不允许，我要上高中嘛，（学校）只是免伙食费，然后报名费啥的都还得自己出嘛，我（堂）弟也上高中了，我姐姐为了让我读书，她念到高一就没上了，去打工了。没上完高中，这是我姐最大的遗憾。我心里头对姐姐有亏欠，她对我帮助这么大，牺牲自己的学业来支持我。我以后不管好与坏，我姐有困难就尽量去帮她。

谢菊能来 B 学院读书，也是大弟弟主动放弃自己上学的机会才实现的。她有些伤心地说：

> 他（大弟弟）没读了，他本来是跟我一起考这边（B 学院）的，然后情况不允许，就来了我一个。他想我是女孩子就让我来，其实他也想来读书。（问：为什么情况不允许呢？）因为当时是民政局介绍过来的，一个月四百块钱的补助不够我们生活，家里面还有一个小的弟弟要生活，他还在读高中，学习比较紧张。后来想来想去，我大弟就让我来，他在家照顾小的那个弟弟。要是我们俩都来了，小的弟弟就没有人照顾了。

第三节　其他亲属的支持

一、祖辈抚养下其他亲属的支持

深度访谈的孤儿中有 13 人由祖辈抚养长大，有 3 人曾经由祖辈抚养过一段时间。这些祖孙家庭通常必须依靠关系密切的亲属提供经济、情感、信息和建议的支持,以及生病时给予照顾、思想行为指导等实际帮助。

(一)物质和经济的支持

亲属提供的物质和经济的支持包括直接给钱、送食物和衣物。吉庆有五个姑姑,除了四姑未婚和奶奶一起照顾吉庆外,其他的姑姑逢年过节的时候会给她一点钱。尤其是二姑,令吉庆现在回忆起来仍然很感动:"二姑她是个家庭妇女,她有时候卖鸡蛋什么的钱,她会自己攒起来,周六周日过来的时候她就会给我塞一些。"汪跃由姥姥抚养,舅舅、姨妈经常给予他和姥姥在物质和经济上的帮助。三舅因为住得近,有事没事就会买一些东西过去看他和姥姥,逢年过节的时候更是给他们买很多东西。大舅和二舅在外地工作,会定期寄一些钱给他,二舅妈每年都会给他寄两件衣服。汪跃的大姨家在农村,虽然没怎么给钱,但是家里种些青菜什么的,时不时给他和姥姥送过来,也省了祖孙俩一笔买菜的钱。

(二)情感支持

情感上的支持可以发生在日常生活中,也可以发生在危机时;既在代际之间发生,也可能来自同辈。日常生活中的情感支持包括给予关注、陪伴交谈、理解和鼓励。例如黄园的姑姑家就在邻村,每次黄园从学校放假回去的时候都会叫她到家里吃饭,给她做好吃的,叮嘱她好好学习。成丽和舅舅家的表姐从小在一起,关系比较亲密,成丽说:"我表姐挺愿意说话的,就是那种很健谈的人。我也愿意去和她说一些自己的经历和想法什么的。我们俩无话不谈!"

来自亲属的情感支持能够帮助一些散居孤儿度过生命历程中的危机时刻。晓晨的例子可以用来说明:

> 晓晨:家里发生那件事(指晓晨父亲去世、母亲入狱服刑——研究者注)后,我一开始特别消沉,想不念书了。因为当时家里特别困难,自己也特别难受。我舅妈把我接到她家里,一直跟我聊天,跟我讲道理。她说,你总不能一直这样,就是说你不念书的话你拿什么改变自己,你想一直在这个圈里吗?在自己营子①找一个人随便嫁了,一直就这样过下去?她总跟我说这些。我舅妈希望我能改变,希望我跳出这个圈子,能够有更广阔的生活空间和选择。

---

① "营子"是北方一些地区对村庄的叫法。

（三）咨询和指导

由祖辈抚养的散居孤儿还经常得到其他亲属，尤其是年轻亲属的指导和建议。受限于知识和视野，祖辈很难在求学、专业选择、职业规划等事项上指导孤儿，也很难在孤儿面临成长困惑时与之进行交流，提供建议。这些支持往往需要仰赖其他年轻一点的亲属。晓晨在 B 学院就读公益慈善专业，她坦言被录取后对即将学习的专业一点都不了解，感觉很困惑。为此，她跟舅妈交流了很多："我舅妈就说，你既然报了你自己想学的专业，你就要去多了解，好好去学它，并且以后帮助更多的人。因为她觉得我学公益慈善是去帮别人，她说你也处在一个被别人帮的情况下，你会有更多感触，然后你就会想着怎么更好地去帮别人。她的意思就是我得到帮助了，让我以后有能力的话去帮别人。我舅妈有时候说的道理确实挺对的，虽然她没受过教育，但她给我的启发也挺大。平常我一回去，就上她家，她就会给我讲这些事，告诉我一些道理，应该说我爸我妈没给我讲过的，她跟我说。"

有时这种咨询建议并不意味着它有多高深的见解，但能缓解孤儿在碰到一些事情时的孤立无援，对孤儿心理社会发展具有正向引导作用。建武讲述他高考后填报志愿的经历和感受：

> 我爷爷的姐姐家儿子是公务员，在我们那边我叫他表叔，他那两天恰巧回家。我从来也不知道社会工作是干什么的，因为对于大学我就听说什么物理系、化学系，从来都没有听说过什么殡葬、社工专业。表叔他就给我逐一看了一下，他问我想学什么。我对生物学和化学比较感兴趣，我说我想学医学。他说这个学校没有医学，他说你要么学这个社工，他觉得以后用处挺多的。我说社工是干什么的？他就说是搞服务的，他就这么跟我说，完了以后我就选择了社工作为第一志愿，第二个专业选择护理。后来的话就是我问他服从调配吗？他说服从啊。这样我就录取到社会工作这个系。要不是我表叔，我真不知道跟谁去商量报志愿的事，爷爷奶奶他们都不懂。

池贵在处理跟爷爷奶奶的紧张关系时也曾得到了一个远房表哥的指导：

> 我有一个远房表哥，就是我爸的姑妈家的孙子。他年纪比我

> 大，在我们镇卫生院上班。我有一段很迷茫的时候，经常跟我爷爷奶奶赌气，脾气也有点倔。我那个表哥开导我，和我一起散步聊天，他教育我说："你这个人不知好歹，你现在这样跟你爷爷奶奶赌气、怄气，跟他们发脾气，当年要不是他们两个把你给管着，你现在有可能在哪里？四处流浪都说不定，也许你可能连书也读不起，也许你连房子都住不起。"所以他就狠狠地骂了我一顿。我当时也没法回答他的话，后来慢慢想才想通了，自己确实不应该那样对待爷爷奶奶。

二、亲属家庭寄养下其他亲属的支持

深度访谈对象中，振新、志锋、冬青等10人主要在亲属家寄养。另外，伟国和长文两人原来由爷爷奶奶抚养，爷爷奶奶去世后进入亲属家庭寄养。访谈发现，抚养照顾孤儿的叔伯辈亲属一般经济条件尚可。例如，佳琪在二伯家生活，她"从没因为物质而发愁"；志锋也一直由大叔家照顾，他感觉自己"在物质生活、情感关爱方面没有缺憾，过得不比其他有父母的孩子差"；由叔叔抚养的冬青则表示："我父亲是有钱给他（叔叔）的，有一笔钱在他那儿，我过去（叔叔家）的话他从经济上是没有太大压力的。"这些寄养家庭的亲属也有一定的知识水平，了解相关政策，能帮助孤儿申请基本生活保障金、困难救助款物，以及最新的孤儿福利项目。

因此，亲属寄养家庭之外的其他亲属对孤儿的支持更多体现在陪伴、情感支持等方面。例如冬青就说："我有两个姑姑，离得比较近，一个村吧。我小时候没有妈妈，她们都挺照顾我的。还有我表姐，她也会跟我说很多。她比较好说话，我们也挺聊得来。现在跟表姐还经常联系，发微信啊，发朋友圈啊，上次她还留言说让我去她家玩什么的。"志锋的大叔承担了主要抚养责任，生活照顾上付出很多，小叔和他则更像是无话不说的朋友："比较疼我的就是小叔。虽然大叔也很疼我，但是疼的方式不一样。小叔在给钱这方面不是很多。但我跟小叔相对谈得来，我做什么事小叔都比较支持我。"

第四节 家族、类亲属的支持

家族也常常是一些散居孤儿社会支持的来源。还有一些为散居孤儿提供支持的成年人，他们或者与被访者缔结了干亲，或者与被访者之间具有类似亲属般的

关系，在本研究中称之为"类亲属"。

一、家族成员的支持

深度访谈对象中，21人来自农村。农村社区经常是围绕着家庭和宗族关系建立起来的，是一个熟人社会。散居孤儿家庭成员与社区成员彼此相互认识，所以家庭在社区中的社会资本容易成为孤儿面对逆境的保护性因素。

成丽生活在由一个大家族组成的村子里，她说自己曾吃过百家饭："我们村有两个大姓，一个姓陈，一个姓王。陈姓的是一个大家族，彼此之间都有一些亲属关系吧。我们村的人对我挺好的。有一次我奶奶生病住院，我爷爷去照顾她，家里没人，我放学回家没地方吃饭嘛，村里人就让我去他们家里吃饭，挨家挨户地吃。"伟国的爷爷曾当过兵，头脑灵活、待人热情，在社区中有较高声望；伯伯是村主任，大娘很能干；还有一位当副乡长的干妈。这些社会关系成为伟国的社会资本，为伟国创造了友善、受尊重的社区环境。

家族中的一些富有同情心的成年人也会成为孤儿的良师益友，帮助他们解决实际困难，给他们提供建议与指导。池贵所在的村里面有一位同族的叔叔，池贵说："他一直在教育我，说我要好好读书。爷爷奶奶对我和妹妹们已经很好了，他俩的所有希望都寄托在我的身上，好好读书，不要让他们失望什么的。他还说：'你爸已经是这样了，你不要像他一样颓废。'……我这次暑假回家，农活干完了之后，这个叔叔他在信用社上班，他给我找了一个事，就是给村里面的人办社保卡，他给我一点补贴。"

二、干亲的支持

认干亲是乡村社会的人们在没有亲属关系的人之间建立起一种虚拟的亲属关系，是将非亲属关系"亲缘化"的一种形式；缔结干亲构建了虚拟的亲子关系，也产生了类似于亲子关系的责任和义务；另外，通过认干亲还扩大了一个人在社区中的关系网络，扩大了影响（尚会鹏，1997）。本研究深度访谈对象中，有两个个案——伟国和宇虹曾认过干亲。伟国的干妈是乡上的副乡长，在他的成长过程中给予不少帮助：

> 那会在老家的时候，我们那边有赶集的日子。我干妈在集市上一碰到我，就很热情地招呼："来来来，儿子你吃饭没？你跟着我去吃饭去！"她对我挺好的。我去成都读书，也是我干妈推荐到县民政局去面试的。当时我大伯、我爷爷陪我去的，去了以后，

> 我干妈就嘱咐我，让我好好说话，好好表现。当时五个学生面试，招了四个人。我感觉我干妈帮了不少忙。现在想起来还是挺感谢她的，每次过年回家，我都会去看她。

宇虹的干妈是她舅舅的同事——一位女教师。干妈干爹没有孩子，干爹是镇上的干部。宇虹说："在镇上读中学的时候干妈对我挺好，经常让我去她家里吃饭……现在还经常打电话关心我。"可见，认干亲是扩展孤儿亲属网络和社会资本的一种方式，干亲在一些孤儿的成长过程中也是一种重要的支持来源。

三、"我的第二个妈妈"

还有一些成年人，尽管只是朋友，但被被访者视为"亲人"。例如，汪跃得到了母亲生前的同事 M 阿姨的关怀和支持，内心深处他觉得 M 阿姨就是自己的"第二个妈妈"。汪跃的妈妈和 M 阿姨原来在一个单位工作，关系相处得特别好。汪跃的妈妈过世之后，M 阿姨经常来看汪跃和他姥姥，帮助他们租房子，也在经济上、物质上一直帮衬他们。汪跃说："M 阿姨有事没事就会上我们家去，看看我和我姥姥，然后帮忙做一些事情。"因为姥姥上了年纪，身体不太好，有时姥姥去看病，M 阿姨会主动陪同上医院，帮助买药。除了经济上的支持和实际的照顾，M 阿姨也很关心汪跃的成长，汪跃说："她管我学习，每次去我们家都会问我学习怎么样。她教我一些做人做事的道理，然后教我道德方面的一些东西，应该怎么做，应该怎么样努力。有时我闹情绪，不听话了，她就跟我讲说我这个年龄阶段应该学着怎么做才合适，我就是受到她这么一点点的教育和启发，慢慢成长的。"现在汪跃离开家在外读书，有什么事也会和 M 阿姨沟通，给她打电话。从汪跃成为孤儿以来，M 阿姨一直以女性特有的善良、温和与体贴帮助汪跃，对他的成长影响较大。因此，汪跃感慨地说："像我们这种情况，很少有人愿意去管那么多。M 阿姨也只是我妈的一个普通朋友而已，但心地非常善良，我认为现在这种朋友很少了。她一直帮助我，什么事都照顾着我。我感觉就相当于我的第二个妈妈。说真的，现在即使是亲戚也不可能帮到那么细。"

第五节　亲属网络中关键的保护性因素及机制

本节主要以高抗逆力得分组中的汪跃为案例，探讨亲属网络中关键的保护性因素及其作用机制。

汪跃 22 岁，在高抗逆力得分组的 10 人中，他的抗逆力得分排在前列。在

B 学院，班主任评价他是一个品学兼优的学生，曾经被学校选中赴境外进行过学习交流；他不仅学习用功，也是一名学生干部，做事很主动，追求上进，与同学关系良好。离访谈过去了近一年的时候，汪跃还被评为市级优秀毕业生和校级优秀毕业生。

一、汪跃的照顾实践

汪跃的父系亲属有三个伯伯，一个叔叔；母系亲属有三个舅舅，一个姨妈。从汪跃记事起，姥姥就帮助妈妈照顾他。妈妈和爸爸分别在他 8 岁、11 岁时去世。父母早逝，家庭破碎，令正处于少年期的汪跃深受丧亲之痛：

> 也绝望过，就是这事怎么能摊到我身上呢？不应该啊，这就是电视里面演的东西，不应该发生在我身上。当时就很绝望，我自己想了很多，想以后可怎么办？我还能不能像小时候我妈经常教育我的那样成为一个有用的人？当时我大爷、叔叔他们瞧不起我，不看好我，都不管。我不知道自己能不能长大、出息成一个人……就想了很多，也绝望过，实际上想要放弃念书，可是我不知道我放弃之后，我自己还能干些什么？

几个伯伯和叔叔没有人愿意承担起收养和照料汪跃的责任。小叔提议把汪跃送到儿童福利院。但是姥姥不同意，担心他在里面不学好。有关安置的分歧无法解决，最后姥姥就说："你们叔叔、大爷不养，我自己养。"另外，汪跃的三舅妈也不同意姥姥独自抚养汪跃，一些街坊邻居也劝姥姥，说女儿女婿都没了，自己也年迈体衰，外孙子应交给叔叔伯伯抚养或者干脆送福利院。对这些劝说，姥姥不为所动，毅然决然迎接挑战，承担起照顾责任，独自带着汪跃生活，并成为这个特殊的、由祖孙俩组成的家庭的支柱。

由于在县城没有自己的房子，祖孙俩一直租房子住。姥姥没有退休金，那时也没有孤儿津贴[①]，在妈妈的同事兼好友 M 阿姨的帮助下，姥姥和汪跃申领到了最低生活保障金。为了补贴家用，姥姥平时捡拾废品去卖。尽管生活过得艰苦朴素，但姥姥还是运用所能得到的资源来为汪跃提供生活保障和支持。姥姥的照顾让生活稳定下来，回归常态化，使汪跃有了安全感："我姥姥完全顶替了我妈的角色，生活上照顾我，情感上关爱我。我姥姥给我做饭，洗衣服，生病了领我去

---

① 汪跃 2007 年成为孤儿，2010 年我国才开始实施孤儿基本生活保障制度。

医院。我姥姥每天起床特别早,给我做早饭。我姥姥说不吃早饭上学可不行。中午放学回来,姥姥把饭做好了,然后晚上回来饭也做好了,我特别感动。"

成长过程中,姥姥教导汪跃如何待人接物,以及一些做人做事的道理,通过言传身教传递了尊重他人、责任感,以及对自我的高期望。汪跃说:

> 记忆特别深的一件事就是小时候不懂事,拿了别人的一个玩具回家了。第二天我姥姥就让我给人家道歉,当时我有点拉不下来脸,不愿意道歉,我姥姥就打我,让我去道歉,带着我到人家里把东西归还了。我姥姥就说凭自己的努力去挣自己所得的东西,不能偷、抢,也不要去骗,这些违法的事情是不能做的。她虽然教不了我的功课,她不会,但她能教我道德方面的东西。我姥姥说首先得学会做人,在教我做人方面她对我的影响非常大。姥姥也教我做事,比如说我这个人之前做事情非常马虎,我姥姥就给我规整过来了,她让我做事做人稳重一点,不要太心急,不要心浮气躁,不要做事"嗖"一下做完了就什么都不管了。还说做事之前要先考虑一下怎么做,不要拿过来就特别冲动把事情做了。现在我也改了,做事比以前稳重了许多。我一直记着姥姥的那些话,对,我因为从小和她一起长大,她说的话肯定会很深刻。

在学习上,姥姥很支持汪跃读书升学,并主动联系资源来为他创造发展机会。姥姥不会辅导功课,就带着汪跃去找家附近高年级的学生进行辅导。在家里,也经常督促他做作业和看书复习。汪跃一直在努力学习,"虽说成绩不是那么优秀,但一直坚持读完了高中"。对此,汪跃自豪地觉得"努力也算是一种成就"。高考结束之后,姥姥又带着汪跃去县民政局询问有没有教育方面的救助可以帮助缓解上大学的费用困难,于是祖孙俩了解到民政部"孤儿助学工程"项目。随后汪跃在高考志愿上填报了 B 学院,并被顺利录取。

除了姥姥,还有两个成年人在汪跃的成长中扮演了重要的角色。一个是汪跃的三舅,另一个是汪跃妈妈生前的同事兼好友 M 阿姨。三舅住的地方离汪跃家不远,有事没事就来看姥姥和他。汪跃如此描述他和三舅的关系:"他给我最多的是,他没把我当外人,从来没有歧视过我,也没有其他想法,就像对待大侄子那种感觉。比如说去饭馆吃饭啥的,他给我点好的菜。在我的叔叔、伯伯、舅舅这些亲人当中,我在心理上与三舅更亲近些。"至于 M 阿姨,被汪跃誉为自己的"第二个妈妈",前文已有相关介绍,此处不再赘述。

此外，其他扩展家庭的成员在汪跃成长过程中也不同程度地发挥了经济支持、情感支持等作用。父系亲属方面，三伯每年春节的时候会来看汪跃，给一些压岁钱。母系亲属方面，大舅在本省的另一城市工作，不经常回来，但会打电话问姥姥和汪跃的近况，定期给一些钱。二舅也在外地，每年也会寄钱过来，并打电话问候；二舅妈则是每年给汪跃寄一些衣服。还有大姨，尽管物质支持不多，但是给予的情感关爱令汪跃很感动：

> 我有个大姨，是我妈妈的大姐，她生活条件也不是特别好。她家在我们县城下边的农村，她家种地。她有两个女儿——我大姐和我二姐。她们家对我也有一定的帮助，虽然不多，但也让我感动。我每次去大姨就给我做好吃的，让我好好学习，告诉我遇到事情该怎么做。我二姐跟我关系比较好，因为我二姐是那种挺愿意说话的人，别人都愿意跟她聊天的那种人。每次去都问我情况，跟我聊天，然后我也愿意去和她说一些我自己的事情。对，她也鼓励我去好好学习。因为我大姨家里比较困难，所以说经济方面可能没太帮助过我，但是她们家种些青菜什么的，给我姥姥送过来，我姥姥也就省了一笔买菜的钱。

二、亲属网络促进抗逆力的关键要素

（一）与至少一位照顾者建立和维持了依恋关系

早期的抗逆力研究发现，对于那些遭遇不幸的儿童，最重要的正向影响是与一位成年人有亲密且被关爱的关系（Werner，1993）。在丧失父母后，姥姥就成了汪跃生命中的这样一位成年人——一直关心他、照顾他，并且感情很深。关于这一点，汪跃有着自己的感受和理解：

> 我社区的书记曾问我说："你是孤儿，你孤单不孤单？"当时我脱口而出说了一句："我不孤单，因为我有姥姥。"在我的成长过程中，尽管生活过得朴素一些，但我姥姥看别的孩子有什么，都会尽量去满足我，我没感觉到自己受了特别大的苦。我也从来没觉得我是一个孤儿，没有特别大的那种感受。我姥姥就是我的精神寄托。

"我不孤单,因为我有姥姥"这句发自肺腑的话呈现出的意义在于,姥姥的保护和支持形成了亲密的依附关系,帮助汪跃缓冲了丧失父母的痛苦,减轻了父系亲属令人难以接受的疏离。姥姥以实际行动明确承诺他不会被遗弃并且能获得妥善的照顾。祖孙俩建立起一个坚强的家庭,一起面对诸多挑战。从11岁成为孤儿到现在,这一持续、稳定的情感纽带为汪跃表现出良好的适应性奠定了一个坚实的基础。

(二)"近"亲属的情感支持和物质支持

此处的"近"亲属是指在散居孤儿困难时刻能提供陪伴、情感支持和实际协助的那些亲属和社会网络,强调人际关系的品质,而非法律意义上"近亲属"概念。一个紧密的、关系亲近的网络可以提供各种形式的支持,有利于散居孤儿的社会联结和参与,提升他们的安全感和稳定性。在汪跃的案例中,三舅、M阿姨、大姨一家人,以及大舅和二舅,就属于心理上的"近"亲属,他们的关爱关系联结成支持网络,让汪跃在需要时可以得到多种多样的照顾和指导。与此相反,几个伯伯、叔叔在需要他们帮助的时候对他疏远和冷淡,增加了汪跃的孤立感。

如果说姥姥是汪跃成长过程中的核心保护层,那么"近"亲属是仅次于核心保护层的第二层保护。这两层保护共同构成了促进汪跃健康成长、提升抗逆力的微观系统。另外,包括三伯、周围的好心人等构成了更外围的支持来源。例如,汪跃就说:"周围的人都认识我姥姥,觉得姥姥领着我生活非常不容易,有好心的人就把家里孩子不穿的衣服洗干净送给姥姥。"

(三)照顾者是抗逆力的角色榜样

有抗逆力的养育者在孤儿成长中发挥了榜样和导师的作用。汪跃的姥姥就是其中的典型例子。在访谈中,汪跃谈到姥姥作为高龄老人,把自己抚养长大很不容易,他评价姥姥是"挺刚强的一个老人"。从姥姥抚养汪跃的生命故事里,我们可以看到姥姥所展现的力量:心地善良,坚强隐忍,总是保持乐观积极的态度,积极维系亲情与社区关系。这些都是抗逆力的重要元素。姥姥自身其实也面临多重的压力,包括丧失女儿女婿的伤痛、经济压力、疾病和老化的压力等。严峻的挑战激发姥姥表现出超凡的勇气,十年如一日坚持不懈地承担了抚养女儿遗孤的责任,照顾其生活,呵护其心灵,教育其品行,督促其学习,直至长大成人、考上大学。姥姥在平凡的生活中所表现出的惊人的抗逆力也启发和激励了汪跃。

三、亲属网络促进抗逆力的机制

从汪跃的成长故事里,可以发现亲属网络通过"主责-协助"的合作抚孤模式，促进了散居孤儿的适应和成长。亲属网络主要通过压力的缓冲和适应能力的提升两种途径促进了散居孤儿的抗逆力。

第一，亲属网络缓冲逆境的影响。赫尔曼（2015）[45]提出，同原初照顾者之间安全的关联性被破坏后，受创者将丧失最基本的自我感。父母早逝的创伤经历造成了汪跃的自我受损，安全感已经破碎；在伯伯叔叔们的异样眼光下他失去了尊严，怀疑自己"能不能出息成长为一个人"。在创伤事件之后，受创者变得更脆弱，更容易受到伤害。而重建安全感、自我感的唯一方法，就是建立与他人的联结关系——安全的依恋。姥姥在没有其他亲属愿意抚养的情形下，毅然决然地承担起抚孤的重任，"完全顶替了我妈的角色"，给汪跃提供安全和稳定的照顾，在身体和情感上满足他的需要，建立起祖孙间的亲密感情。对于汪跃，姥姥的呵护是对安全和保护的最好承诺，姥姥成为他的"精神寄托"，他再也不用担心被抛弃。同时，三舅、M阿姨、姨妈一家人在情感上的支持、经济上的帮助也减轻了丧亲事件对汪跃的冲击，他们的接纳和关爱帮助他重建积极的自我形象。姥姥及其他亲属支持、鼓励他好好学习，让他重获价值感和希望感。因此，亲属网络及时地挺身而出降低了父母去世、安置争议等风险事件对汪跃的负向影响。

第二，亲属网络预防新的风险发生，阻止了危机的消极连锁反应。父母早逝不仅让儿童青少年受到强烈的短期冲击，还会带来持续数年的深刻影响。这些影响包括情绪困扰、安置不稳定、缺少关爱、缺乏指导和管教，以及受到歧视与排斥，导致他们在成长的过程中容易出现更多的危机：辍学、打架、物质滥用等。亲属网络的有效抚养和管教能预防新的风险发生。在汪跃的案例中，姥姥在父系亲属不愿意抚孤的情形下勇敢地承担起照顾汪跃的责任，避免了汪跃被送到儿童福利机构养育。在学校，汪跃也曾受到过冷遇，也感到过委屈和烦闷："我在学校的时候很多人知道我这个情况，有的人理解，但是也有的老师和同学不理解，就觉得像我这样的人以后没有什么太大的前途，没有什么好的发展。当时有一些同学瞧不起我，不愿意跟我玩。"M阿姨知道后开导他不要太在乎别人一时的冷眼，应该通过自己的勤奋去证明自己，不仅在学习上，在做人做事的品格上也要努力做得更好。汪跃感叹地说："说实话，当时如果没有M阿姨这一番话，说不定我真的会放弃（学业）。"

第三，亲属网络注入希望和乐观。散居孤儿的监护与养育不只是物质性关怀和情感性关怀，还需要赋予积极的期望，给予发展性关怀。在求学方面，姥姥、三舅、M阿姨都非常关心汪跃的学习，鼓励他"通过学习去改变现在的处境"。在品行教育上，姥姥对汪跃将别人的玩具拿回家据为己有的行为及时制止，带着他向人家道歉，并告诫他"凭自己的努力去挣自己应得的东西，不要去拿别人的东西，不要去抢，也不要去骗"。在处理事情上，姥姥教导他"稳重一点，不要太心急，不要心浮气躁"。姥姥有时也跟汪跃讲一些她的经历和阅历，她年轻时候吃过的苦，汪跃的舅舅们读书时的困难生活。汪跃说："我姥姥讲的意思是，我们目前的生活还不算太困难，好些事都不算啥。我姥姥也常说遇到什么事你都得想着怎么去面对，事情都是一点一点尝试去做才开始好起来的。我知道她是在用自己的经历鼓励我。"亲属们的教诲和期待给了汪跃宝贵的精神财富，不准他消极、沉沦。

第四，亲属网络帮助孩子培养了适应能力。

在抚育孤儿的时候，抚养者会在亲属和社区中寻求帮助，或者向政府部门申请援助。抚养者的这些积极求助行为也启发和培养了散居孤儿善于利用资源的能力。汪跃姥姥面对生活困难，动员了大家庭的资源，拓展了社区联系。除了儿女们对自己祖孙家庭的支持，姥姥还捡拾废品卖钱，接受邻里好心人给的衣物。为解决无人指导汪跃功课的困难，姥姥主动找附近高年级学生帮忙辅导。高考结束后，姥姥带着汪跃到民政局寻求大学学费上的帮助。

因为生活的困难，许多散居孤儿较早地帮忙操持家务，规划和管理自己的事情，积极获取资源和社会参与机会，因此锻炼了其个人能力。汪跃就经常被姥姥分派去市场买东西。

> 我姥姥锻炼我来着。我读初一的时候姥姥就让我独自去市场买东西，当时市场离我们家也不近，姥姥就让我去，除了大件我买不了。这个东西、那个东西，我姥姥交代的那些我都能买回来。我买回来了，我姥姥说："行，挺好。"下回买东西还让我去，她就锻炼我，怕我懒。姥姥就一直在锻炼着我，什么事都让我去经历一下……我感觉她就是要锻炼我成长。

汪跃评价自己有"比较强的自我控制能力"，"有什么困难都能咬牙去坚持"。他将之归功于"小时候的经历带来的成长"，从姥姥身上体会到"一个人的努力可以无限放大"。从高中开始，每个暑假寒假他都会去社区居委会帮忙，做一些社会实践锻炼自己。他说："我们那社区规模很大，居委会所有人都很忙，我就帮忙打印文字，有时候他们下去访问，我帮他们拍照、写工作记录稿什么的。"

四、小结

由于父母早逝，散居孤儿的正常家庭过程被打断，社会关系发生重组，一些关系变得疏远冷淡，一些新的亲密关系产生。散居孤儿的抚养需要抚养家庭、亲属和社区的许多关爱关系联结组成的网络来合作完成。亲属网络是散居孤儿生活栖息之所，是其微观生态环境。一个能促进他们适应和成长的合作抚孤网络是紧密的，同时也有主责、协助的角色分工。在这个亲属网络中，人际互动的质量和网络中的资源发挥着关键作用。它们缓解风险影响、减少负面连锁反应，同时也在另一领域发挥作用，即帮助散居孤儿维持健康依恋关系，发展自尊和自我效能，培养他们各项适应能力。亲属网络提升散居孤儿抗逆力的机制如图 6-1 所示。

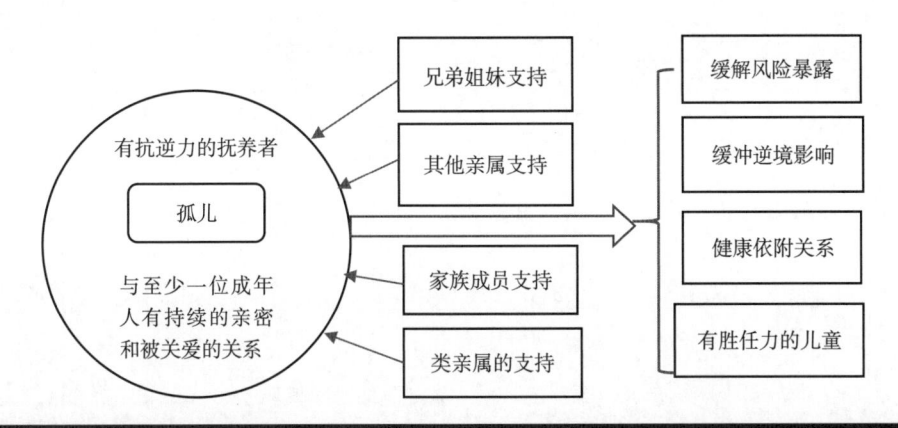

图 6-1 亲属网络提升散居孤儿抗逆力的机制

在这个合作抚孤的亲属网络中，照顾者扮演了非常关键的角色，他／她是否有抗逆力至关重要。他／她需要帮助孤儿恢复或重新建立生活常规，示范教导生活技能、社交技能，并督促其学习上进。关系亲近的亲属、家族成员、干亲、其他支持性的成年人也是合作抚孤亲属网络中不可缺少的正向资源。他们中有的人提供温暖的关爱、情绪的支持，有的人提供物质或经济上的帮助，有的人作为人生导师提供了心理行为辅导与发展指引，有的人提供了政策信息，等等。在生命历程早期阶段尤其是在丧失父母之后的几年里，稳定持续的安置、高质量的照护对散居孤儿心灵的滋养和适应能力发展影响深远。在青少年阶段的中后期，亲属网络中的良师益友则扮演了更重要的角色。

第七章　正式社会支持与散居孤儿的抗逆力

本章主要探讨正式的社会支持如何回应散居孤儿的多重困境和压力，如何增强散居孤儿的抗逆力，又存在哪些局限。这些正式的社会支持主要来源于儿童福利政策、政策基层执行者、孤儿集中助学项目和学校等。作为散居孤儿成长过程中的中观、宏观系统因素，它们显著影响了与散居孤儿抚养、教育、保护有关的资源和机会，一定程度上影响了他们的生命历程（life course）及其变迁（transition）。

第一节　儿童福利政策的支持

与散居孤儿相关的福利政策主要包括孤儿津贴、社会救助、教育资助等。孤儿作为弱势儿童、青少年中的一个类别，缺乏父母照顾，需要政府和社会予以特别的保护，以保障他们的生存、发展等权利。

一、孤儿津贴

2010年实施的孤儿基本生活保障制度是一种津贴制度，它不考虑抚养家庭的经济状况，不进行收入状况审查，凡属于民政部门认定的孤儿就给予基本生活津贴。在此之前，我国并没有专门以散居孤儿为对象的生活保障制度，散居孤儿的生活救助被纳入到城乡社会救助和社会福利政策中，由农村五保供养、农村特困救助、城乡最低生活保障等制度覆盖。由于政策碎片化，许多农村孤儿未能得到有效的国家保护，那些获得政策保障的孤儿也面临救助水平偏低的困境（王振耀、尚晓援，2011）。

孤儿津贴作为一项稳定的转移性收入，很大程度缓解了抚养家庭的经济压力。在此之前，家庭经济困难可能使照顾者超负荷劳动，承担巨大的身心压力，也可能导致孤儿缺乏足够的生活费和零用钱，不得不边上学边打工。同时，孤儿津贴也有助于孤儿摆脱"家庭依赖者"的形象。例如，受访孤儿吴金的父系亲属有大伯、二伯和姑姑，但他更愿意与外婆生活在一起，孤儿津贴让吴金在生活选择上有更多自主性：

> 过年的时候我会去（大伯家）一两天，平常的话几乎是不去。说他养我吧，其实也没有，是我爸以前留下一点钱，当时不知道是怎么弄的，那个钱交给大伯拿着嘛。我需要（用钱）的时候，就会跟大伯说，去他们家，他就给我一些钱。初中的时候是从大伯那拿的（钱），到高中的时候我爸留的那些钱用完了，就没去过他那了，就用国家发的补助，那个时候补助好像是按月给的。

二、社会救助

根据 2014 年 2 月国务院颁布的《社会救助暂行办法》（国务院令第 649 号），我国社会救助包括最低生活保障、特困人员供养、受灾人员救助、医疗救助、教育救助、住房救助、就业救助和临时救助。对于散居孤儿，社会救助也是维护他们基本生存权益的重要政策工具。

（一）最低生活保障

在受访的散居孤儿中，有不少人曾经领取过最低生活保障金，例如高山、晓晨、王雨等。其中，王雨在与母亲生活时就领取低保，16 岁成为孤儿后，她继续依赖低保金作为经济来源，没有申领孤儿津贴。

根据相关政策，孤儿基本生活费不计入家庭收入，不影响其家庭成员继续享受城乡低保等社会救助政策。一些散居孤儿例如汪跃、成丽、吉庆等，他们的祖父母或外祖父母申请并获得了最低生活保障金。

（二）临时救助

临时救助是应急、过渡性救助，是将社会救助网络织得更密、网底变得更宽的救助类型之一。一些受访孤儿表示他们曾获得过临时救助，大多是在年节的时候。例如，王雨说："当时除了政府的低保，每到过年过节政府（工作人员）就去给我送米面粮，还给钱。他们还跟学校沟通，把我在学校宿舍的住宿费减了一半，学杂费也不用我交。这些年是靠政府各种福利长大的。"长文每年年底也能从当地民政办获得"一些补助,一些衣物或者被子啥的"。

（三）教育救助

孤儿在普通学校就读,可以通过国家建立的面向所有学生的资助政策体系获得经济上的帮助,例如在义务教育阶段实施的"两免一补"政策（免除学杂费、免费提供教科书,对家庭经济困难寄宿生提供生活补助）和营养改善计划,以及普通高中教育阶段实施的国家助学金制度、家庭经济困难学生免学杂费政策。此外,他们还可以申请教育救助。访谈对象就读普通学校的,多数人获得过学校发放的困难补助或费用减免。例如长文回忆说:"高二、高三时学校每年都给我一千五百元的困难补助。老师知道我的情况,主动找到我让填申请表。那时候我学习还可以,只要学校有什么资助,（老师）基本上都会考虑到我。"王雨在就读高中期间,学校免除了她的学杂费,对住宿费减半收取。从学校获得的经济资助一定程度上缓解了孤儿教育、生活支出方面的困难,降低了散居孤儿因贫困所带来的受教育风险。

三、中等职业教育免学费政策

中等职业教育免学费政策对散居孤儿接受职业教育有着重要的支持作用。2007年国家对中等职业学校农村家庭经济困难学生予以助学金资助,助学金资助对象为全日制一二年级在校生,标准为每生每年1500元。2009年国家开始对农村家庭经济困难学生免费,2010年又将城市低收入家庭学生纳入免学费的范畴。2010年发布的《国家中长期教育改革和发展规划纲要（2010—2020)》提出"逐步实行中等职业教育免费制度,完善家庭经济困难学生资助政策"。2012年财政部、国家发展改革委、教育部和人力资源社会保障部联合下发了《关于扩大中等职业教育免学费政策范围 进一步完善国家助学金制度的意见》（财教〔2012〕376号）,明确从2012年秋季学期起,对公办中等职业学校全日制在校生中所有农村（含县镇）学生、城市涉农专业学生和家庭经济困难学生免除学费。在访谈的散居孤儿中,振新、成丽、冬青、大丰等4人都在普通中等职业教育学校上过学,是免学费政策的直接受益者。以成丽为例,她曾就读于本市的一所工贸中专,学会计专业。因为免学费,而且学校还给她一些补助,所以成丽才能读完中专。中专毕业时她参加了中职生高考,考上了省工业技术学院,但是抚养她的爷爷无法供她上大学。谈及那时的心情,成丽说:"我们一起的好多同学都去上大学了,我却那么早就要步入社会打工,感觉心里很不平衡。"

四、儿童福利政策基层执行者的支持

被访者在居住地所了解和接触的儿童福利政策基层执行者主要是乡镇或街道

民政办工作人员、妇联干部、村居委干部等,他们在帮助孤儿申领儿童福利证和基本生活津贴、传达有关政策信息、解决现实困难等方面发挥作用。例如池贵能到 S 孤儿职业技术学校读书,他所在村的村长帮了很多忙:

> 他通知我的,说 S 学校来我们县民政局招生,可能是免费的,他问我要不要去那里读书。要不然我不知道那个事情。入学手续也是他给我办的,因为我爷爷不怎么会说汉话,这些手续他也不懂。有时我需要到县里面开证明,他帮我去办,一分钱不要。

类似的例子还包括,吴金提到村妇女主任帮他办了儿童福利证,还帮助申请了孤儿津贴;王雨所在村的村长帮助她申领低保和其他补助;苏枫在养父去世成为孤儿后,镇上的妇联主任和民政办工作人员把她送到镇高中读书,跟学校协商减免了学杂费,后来还告诉她"孤儿助学工程"项目的消息,鼓励她报考 B 学院。

第二节 孤儿集中助学项目的支持

在儿童福利政策的保障之外,我国还有专门以孤儿为对象、以教育为载体的福利项目——孤儿集中助学,主要由中央和省级的民政部门实施。它是对孤儿予以特别保护的政策项目,近年来随着社会对孤儿受教育、社会参与、就业等方面发展权利的重视而有较多探索。孤儿集中助学主要包括中等职业教育和高等职业教育两个层次,还包括为数不多的义务教育、高中教育。中职层次的孤儿集中助学主要是地方性的,面向本省的散居孤儿和机构集中供养孤儿,目标在于使那些在普通教育升学竞争中处于劣势的孤儿能够学习职业技能,在成年后可以顺利就业,自立自强,从而减少对于国家福利的依赖,并缓解福利机构集中供养孤儿成年后"安置难"问题。高职层次的孤儿集中助学主要是民政部实施的"孤儿助学工程"项目。

一、孤儿集中助学项目的发展

吉林省孤儿学校和辽宁省孤儿学校是 20 世纪五六十年代建立的以孤儿为对象的教育类福利机构。它们由省民政厅管辖,以本省适龄孤儿为对象,提供寄宿式服务,按照"教养结合、以教为主"的原则提供义务教育、高中教育和职业教育。进入 21 世纪,四川、黑龙江、湖北等省的民政部门为了帮助青少年阶段的孤儿学习掌握一技之长,也开始探索本地的孤儿职业教育。2005 年,四川省民政干部学校开设"志翔班",招收本省符合条件的孤儿开展中等职业教育。2008年汶川大地震后,四川省在"志翔班"基础上成立了志翔职业技术学校,以接纳更多的地震孤儿入学。2007年黑龙江省民政干部学校更名为黑龙江省孤儿职业技术学校,面向全省适龄孤儿开展职业技能教育。2012年,前身为湖北省民政学校的武汉民政职业学院成立孤儿职业技能教育中心,对湖北省适龄孤儿进行中专学历教育和短期职业技能培训。与普通中等职业教育学校不同,上述几所孤儿职业教育学校不仅免学费,还对在校孤儿提供生活补贴、发放衣物等日常生活用品,并且开展生活照顾、情感关怀、情绪疏导等服务,成为地方性孤儿福利制度的重要组成部分。

2009年,民政部启动了面向全国的"孤儿助学工程"项目。B学院、C学院和Y学院作为该项目的实施院校,它们的前身均是民政干部学校。2009至2017年期间,这三所学院共招收了2000余名孤儿学生入学就读。该项目使用福利彩票公益金对考入三所学院普通大专班和成人大专班的孤儿学生给予学费和住宿费减免,并补贴生活费。三所学院针对"孤儿助学工程"项目实施都成立了项目领导小组,制定了相关制度文件,设置专门岗位负责项目管理和孤儿学生日常事务,配备了专职老师担任班主任,并且在专业教学、情感关爱、活动参与、就业指导等方面实施了有针对性的措施。民政部"孤儿助学工程"项目的资助对许多适龄散居孤儿而言,是获得高等职业教育机会的一个重要途径。

在本研究的30名访谈对象中,小武从小学六年级到高中都是在J孤儿学校就读,他说:"我父母在我很小的时候生病去世了……虽然我伯母和伯伯很早就分开生活了,但伯母看着我没人管,就从小养我。后来伯母身体不好,没办法就把我送到孤儿学校,我一直没中断过上学。"池贵、宇虹、红英等6人曾就读于本省的孤儿职业技术学校,对于他们中的大多数,如果不是获得了所在省孤儿职业技术学校的免费读书机会,他们就早已失学了。

二、孤儿集中助学促进抗逆力发展的关键因素

集中助学项目是针对适龄孤儿的教育干预,它在亲属网络支持之外提供了额外的补偿和支持,包括资助教育费用、增加升学机会、情感支持和技能培养等。这一系列保护措施,不仅可以保护个人免受新的风险影响,而且提供了个人发展、探索的新空间和新舞台,对他们未来生活机会产生重大影响。

(一)提供经济资助

散居孤儿多数生活在贫困家庭或低收入家庭,孤儿集中助学对于他们首要的意义在于教育上的经济支持。黄园如此表述自己高考后面临两难选择、最后获得"孤儿助学工程"项目资助时的心情:

> 高考结束后，摆在我面前的有两个选择：第一个选择是迫于家庭条件，接受现实，从此离开自己心爱的校园；第二个选择是顶着巨大的心理压力与经济压力去教育局申请助学贷款。选择第一个，我不甘心；选择第二个，我不知道自己能不能承受得了在每天想着有贷款要还的压力下学习，也不知道将来自己毕业后能不能顺利找到工作，哪一年才能还得上这笔巨额贷款。就在我进退维谷的时候，突然得知了民政部的"孤儿助学工程"可以帮助符合条件的孤儿学生免费上大学。我当时的心情，无法用语言表达。它无疑是我有生以来最大的一个惊喜。正是因为这个机会，我来到了B学院读书。从此，一切都不同了，新的人生转折点由此开始。

根据一项针对民政部"孤儿助学工程"项目资助的470名在校孤儿学生的调查显示，81.1%的农村户籍孤儿认为"免学杂费并补助生活费"是自己选择入读项目实施学校最主要的考虑因素（大龄孤儿集中助学研究课题组，2017）[175-176]。

（二）增加升学机会

学者杨东平（2016）认为，教育的阶层差距正成为当前教育公平的主要矛盾，因为统一的考试固然体现了"分数面前人人平等"，但在日益扩大的社会差距之中这种形式上的平等正在贬值，面对具有更多社会资本、文化资本的优势家庭子女，农村学生越来越难以"公平竞争"。针对孤儿教育保障问题的研究也发现，对于适龄孤儿的教育保障，相关政策文件虽然提出了一些要求，但是内容表述较为原则和笼统，并且只强调了经济上的资助，没有考虑孤儿因为特殊成长环境和教育经历，在当今激烈的学业竞争中处于劣势地位，缺乏升学机会（大龄孤儿集中助学研究课题组，2017）[198]。孤儿集中助学项目按照差异性和补偿性原则，通过项目学校的自主招生、举办成人大专班，以及通过开办预科班提高成人高考通过率等方式，拓宽了升学渠道，以补偿和改善处于教育体系中最弱势的学生群体——孤儿。S孤儿职业技术学校每年向几所承办"孤儿助学工程"项目的高等职业学校输送学生，该校负责招生就业工作的L老师在访谈中就肯定了增加孤儿升学机会的重要性：

> 整体来说孤儿学生在我们学校通过两年的中专学习（另外还有一年是校外实践教学——研究者注），心理上、心智上都得到了很

> 大的提高，但文化水平说实话不怎么样。我们学校首先注重的是情感上和心理上的一个帮扶，必须把孩子领上正路。有很多孩子以前的行为习惯很不规范，家里没人管，爷爷奶奶年龄大了根本管不了，尤其是男孩。其实以前有很多成绩都非常好，初一的时候都很好，但初一下学期就开始和社会上大一点的孩子一起抽烟、喝酒、打架，成绩就慢慢滑下去了，没办法只有读中专。所以说实话来我们学校读中专的孩子文化都不怎么样，有少部分还可以，但是绝大部分都不行。他们如果参加正规的高考是考不上大学的，只有靠单招或成人高考。

拓宽升学渠道、适当降低升学门槛，增加孤儿的升学机会，让他们学习、掌握一技之长，可以避免他们因为家庭原因在学业上一再受挫。

（三）情感支持

孤儿集中助学不是单纯地提供经济资助，也不是单纯地提供一个上学的机会，某种意义上它带有福利机构的部分功能，在普通学校的功能之外还要提供生活照顾、情感支持、心理辅导等服务。B学院学生管理处一位老师这样介绍他们对于孤儿学生的管理："我们就是保姆式的管理，全方位的管理。学校专门成立了"孤儿助学工程"项目领导小组，学生管理处安排了两位老师负责项目的日常工作，配备了班主任和心理辅导老师。有这么多人关注，他们心里相对来说还是比较温暖的。"

笔者访谈了S孤儿职业技术学校的Z老师，她从事孤儿教育多年，深刻体会到教师的支持对孤儿学生的重要性。她说：

> 我当班主任的时候，会在晚饭后到晚自习这段空闲时间，一个一个找学生谈话，用了半年的时间去交流，去摸底，我用了一个本子写下他们的基本情况。每次谈完话以后我就在办公室里待到很晚才走，因为孩子们觉得老师在，他们会很安心。有些孩子从小缺少关爱，突然在学校里面有一个老师对他们关照，这些孩子在心理上实实在在地得到了一些安慰。这些孩子有阳光的，但更多的是心理有创伤的，所以对这些孩子老师就要用一个"爱"字来做工作。老师的爱包括对孩子的尊重和接纳，当你对学生有所了解后，你才能真正去接纳他们。我觉得孩子们调皮打架也是

> 为了让老师去重视他，希望老师关注他。不管他们有什么样的错，老师都必须去帮助他们，原谅他们。尽管有孩子对我说，如果不是老师你，我早就被学校开除了，但我觉得这些孩子后来都挺好的，来到大学以后也懂事了，所以老师在爱的教育这方面很重要。……有时我对年轻老师讲，你们要学会责任和爱，其实说得容易做起来非常难。有的学生是这样：老师对他再好，但他的心理极度不健康，就和你对着干，把你弄得没办法下台。作为老师你不能和他较劲，因为他是孩子他不懂，我们作为老师就是要把他教懂，理解老师的一番苦心。

对于一些在亲属网络中缺少关爱、缺乏支持的孤儿，在痛苦迷茫之中，给人温暖、善于鼓励的老师角色非常重要。老师的关怀、期待和指点让孤儿在困苦面前看到希望的光芒。

（四）技能培养

散居孤儿从更多的学校教育中受益，教育过程培养了他们各种技能。B学院一位主管学生工作的Y副院长这样归纳孤儿学生在三年中的成长和变化：

> 第一个是知识方面的变化，三年的学习时间，绝大多数孤儿学生的知识发生变化，由初中、高中学历转变成高等教育学历。第二个变化是形象气质的变化，有些孩子家庭贫困，有些生活上得不到重视，没有条件改变。来了之后学校统一配发衣服、被褥，补贴生活费，加上校园里老师同学之间的耳濡目染的影响，这些孩子的精气神都有了变化。第三个，也是最重要的，是他们心理上的变化。刚入校的时候多数孩子很自卑、胆小，不敢说话，对什么事情都比较怕，内心想做却不敢尝试。但是，在他们毕业的时候我看到他们中大多数都开放、自信了许多。第四是从就业来看，大部分还是可以的，能走向社会，自食其力。

首先，学校教育不仅教授关于科学、人文、社会等知识，培养了学生读写、计算等基本技能，还包括互联网等与时代息息相关的基本知识和技能。其次，学校教育帮助学生掌握一些社会技能，包括学习与工作习惯、处理问题的技巧、处理同伴关系等，这些社会技能是让学生获得成功的关键能力。最后，孤儿集中助学培养了职业技能。孤儿集中助学主要是职业教育,既有中等职业教育,也有高等职业教育。职业教育是对受教育者进行从事某种职业或生产劳动所必需的职业知识、技能和职业道德的教育,侧重于实践技能和工作能力的培养,让学生有机会接触并探索那些能发展其潜在兴趣的领域,为就业做好准备。对于散居孤儿,职业技能培养由情感性关怀转变为成长性教育,为他们今后的就业、职业生涯发展提供了更多选择。

（五）自我效能感和自尊的提升

自我效能感是个体关于自身能否成功完成一个具体任务或行为的信念。在学校教育和生活中,孤儿学生的自我效能感不仅能从学业上获得,还可以从结交朋友、课外活动、各种竞赛、社会实践等方面获得。在深度访谈对象中,在所访谈教师的介绍里,有许多孤儿学生在学校里表现出色的例子。例如S孤儿职业技术学校的Z老师就介绍了她原来的一个学生来到B学院之后,成为"金牌主持人"的故事。

> 有一个男孩从我们学校过来的。我到了B学院他就拿照片给我看,说:"老师你看,这个是我在主持晚会,我是这儿的金牌主持人。"在我们学校的时候他的普通话相对来说比较好,而且声音我觉得特别好听。以前我给他上语文课,我说你在这方面有天分。来了之后B学院就把他选为主持人,做得很不错。如果那些孩子真的把他们的能力和潜力发挥出来,都是挺优秀的。

B学院的另一位校领导也评价孤儿学生通过职业教育所获得的自信:"通过在学院的学习,他们找到尊严。人就怕没有一技之长什么都做不了,自信就无从谈起。通过学习掌握技能,找到工作,找到自信,成为一个有用的人,他们的人生轨迹就转变了。"

四、小结

许多受访散居孤儿把能够受资助进入大学学习视作生命中一个重要的转折点,视为对自己学习和成功的奖励。例如红英说:"觉得有这个机会来到这个学校,这是做梦都没有想到的,没想到这么好的机会会轮到我身上,可能上帝给你关上一扇门,但是给你开了一扇窗。"

集中助学作为一项针对适龄孤儿的积极干预项目,通过教育资助、生活费用补贴、增加升学机会、开展技能培养和提供情感支持等具体措施,发挥了外部保护作用。图 7-1 显示了集中助学项目提升散居孤儿抗逆力的机制。一方面，它缓解了教育费用压力、缺少照顾的压力和升学困难等，阻断了旧风险连锁反应的链条，保护其免受新风险的影响；另一方面它为孤儿创造了新的机会和舞台，增加了孤儿的学业技能、社会技能，潜移默化地影响了孤儿的发展轨迹，增加积极的连锁反应。集中助学使得青年孤儿继续在学校环境中学习和生活，不仅提高了他们的理论和知识水平，还培养了心理能力和社交技能，学校中的成功增强了他们的自尊和自我效能感，从而使他们可以将这些成功的经验复制到学校之外的领域。相关研究也证实，福利、健康和教育等社会服务是青少年核心和强大的抗逆力资源（Bottrell，2009）。

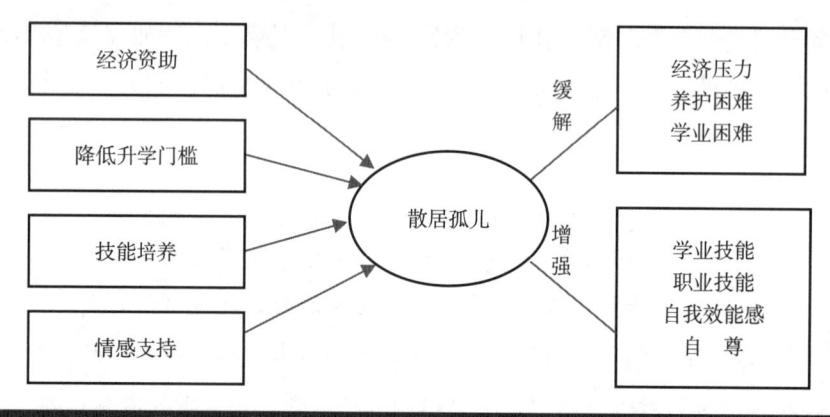

图 7-1　集中助学项目提升散居孤儿抗逆力的机制

第三节　学校的支持

当家庭没有或不能充分保护受到逆境威胁的儿童发展时，学校可能成为促进抗逆力的最重要的环境（Masten，2018）[167]。本节将阐述学校背景下散居孤儿抗逆力的发展。

一、学校是一个相对安全的环境

总体上，学校是一个安全、温暖、平等的环境，通过上学一些孤儿可以从重组后充满压力的生活环境中暂时脱身。被安置到一个新家庭或机构，孤儿往往会有一种寄人篱下的感觉，心理上对于抚养人的付出感到有所亏欠。如果抚养家庭因为收留孤儿导致家庭成员间意见分歧、关系不和，或者对孤儿不能完全接纳、平等对待，孤儿心理上的压力更甚。因此，对于一些孤儿来说，学校不啻为一个可以逃避抚养家庭紧张关系、缓解心理压力的"避风港"。宇虹曾因抚养家庭子女多、经济困难,在读初中时辍过学,但她非常想回学校。复学后她很珍惜上学的机会,因为在学校里她可以忘掉在抚养家庭里感受到的关系疏离和地位矮化。她告诉研究者:

> 爸妈是做生意的,我小时候挺幸福,能经常吃好吃的,叔叔家的哥哥们都很羡慕。六七岁的时候爸妈因车祸去世了……我总是觉得叔叔婶婶没有把我当成他们的孩子。记得有一次自己写日记,写他们对我不好,被我哥哥发现了,并且当着大家的面读了,他们生气了,婶婶好几天都不搭理我,她让我走。当时我可想长大了,不想在他们家添麻烦了。我总觉得跟他们有隔阂,觉得亏欠他们,等我以后工作了我要好好回报他们。

而对于另外一个被访者建武来说,去学校上学可以逃离经常充斥着争吵的家庭环境。

> 研究者:你自己为什么能一直坚持上学读书?
> 建武:我自己……也是因为家庭特别的……我爷爷和奶奶一直吵架,感觉他们俩在一起有十分之九的时间都在吵架。不管什么,我爷爷跟奶奶一句话不投机两人也许就吵起来了,生活上一些琐碎的事情,他们就会一直吵。有时候放学我就在想能不能不回家,在家的时候(听见他们吵架)我也感觉挺难过的。

学校有时也充当了安全的情感基地。高山第一次过生日是老师和同学给他过的,他回想起来记忆犹新:"那是我第一次过生日,12岁那年,小学六年级,记忆比较深刻。一起庆祝的人有好多,包括班上的老师和同学。平时在学校我和老师、同学们都相处得比较融洽,因为住得近,老师和同学们都知道我的家庭情况,对我帮助多一些。我们相处得挺好,我也经常去老师家做客。"

二、教师的支持

教师经常被认为是在家庭之外儿童的重要支持来源。老师对孤儿的态度、老师与孤儿之间的关系都是影响孤儿心理、行为的重要因素,具有温暖、尊重和支持的师生关系是散居孤儿重要的保护性因素。

（一）教师的危机干预

一些被访者提到在经历创伤性事件不久，老师给予了情感、物质或实际的支持，帮助他们缓解危机。例如，晓晨如此描述：

> 研究者：如果让你感谢你生命当中的三个人，你觉得他们分别是谁？
>
> 晓晨：我舅妈，我初中的老师，还有感谢政府的工作人员。
>
> 研究者：关于你舅妈我们刚才谈了很多，接下来谈谈你的初中老师。
>
> 晓晨：我们家发生那件事（指其父亲去世，母亲入狱服刑——研究者注）是在暑假的时候，没过几天我就开学了。开学后，我已经没有心思上课了。我的班主任老师上宿舍找我去了，她当时抱着我哭得特别厉害，跟我说的那句话我现在还记得特别清楚，就是说你别怕，时间会冲淡这一切，只要你努力地往前走，就会有所改变。她的这句话让我觉得我应该往前走，不管怎么样都往前走，往前走可能就好了。后来她也一直支持我，毕业后我们也有联系，我挺感谢她的。在我那么难过的时候，她跑到宿舍去找我，鼓励我，让我挺感动的。

王雨16岁丧母后成为孤儿，唯一的亲属——舅舅的家是一个重组后的家庭，舅妈不接纳她，王雨只能独自生活。在她最伤心悲痛、没有地方住、没有饭吃，孤立无援的时候，她的音乐老师伸出援助之手，帮她渡过难关。王雨讲述说：

> 我的音乐老师对我帮助特别大。我妈刚没的时候，忽然之间我一点经济来源都没有了，什么东西都没有。那会也没住学校，家里租的房子也到期了。她给我租了一个一居室的小单间，还给我拿了七八百块钱让我生活。那会跟她关系特别好，最关键的时候她帮了我……她天天上我那溜达去，没事就买点水果、带些吃的来看我。我那时候不会做饭，我妈没了，我就只有吃方便面。她从家带来她做的饭菜，或者给我带点外卖。我记得那时在我们那樱桃、菠萝是很贵的水果，她经常买给我吃，跟我聊天。后来我也正常了，也开始步入新生活了。之后我们也还联系着。

父母早逝这样的打击太大、太突然，散居孤儿面临家庭破碎、支持减少，怎么挨过丧失父母之后的一段艰难时光？对于那些正在上学的散居孤儿，教师提供了一层保护，他们所给予的关爱不仅是对亲属网络的补充，而且在一些关键时候发挥了危机干预作用。

（二）成长性关怀

被访者还从教师那里得到了做人做事的指导。学校教育的功能不仅是教授科学文化知识，教育学生做学问，它更重要的功能是教育学生做人，让学生学会做一个身心健康、阳光和有用的人，成长为社会的公民。例如吉庆就从高中老师那里得到了"做人、做事、做学问"的价值观启发：

> 家庭之外我最想感谢的是高中班主任，他在我读高中的时候帮了我不少，像学校有补助政策或者什么他都会想着我。我有时候心思不在学习上，他就会提醒我，找我谈话之类。我最喜欢的一句话是我的班主任说的"学会做人，再去做事"。高中三年他一直强调我们要做品行端正、善良友好的人。

对于散居孤儿，教师的教诲、指导和期待一定程度上弥补了家庭教育的缺失，让他们心中希望的火光不灭。

（三）灌输希望

在学校，教师也向散居孤儿灌输了积极的希望，引导他们有梦想，追求上进。例如S孤儿职业技术学校的Z老师就鼓励孤儿学生好好学习，争取升学机会。她说：

> 这几年大学对孩子们越来越有吸引力了。他们就担心考不上。我说只要你努力、态度端正、表现好，应该没什么问题。各个方面都要给他们灌输，孩子们还是想读大学的，把它作为一个追求的目标。是啊，每个学生从小都有自己的一些梦想，比如初中毕业后想读普高，想上大学，现在他们高中肯定上不了了。我说你们现在读的尽管是中专，但你们的大学梦依然在，虽然大学可能是大专，但你们没有参加高考就能和普通学生读一样的大学，已经是给了你们很好的条件了；如果你们进大学后表现好，你们同样有很多机会。

B 学院的 L 老师对一些孤儿也是采用灌输希望的教育方法引导他们走正道。他说：

> 教育方面要有些特殊的方法方式去帮助孩子们走出困境。我的想法就是帮助他们走出心理阴影，恢复自信，走向社会，能正常地生活就可以了，要求不高。我经常跟他们讲："自己的路自己去走，但不要走偏，不奢求有多少钱，有自己正常的日子就好。现在怎么调皮捣蛋我都可以原谅你们，但以后若违反了法律，那我是不会原谅你们的。"我的那些学生都说："老师你放心，我们不会的。"

三、学业成就

儿童青少年的个人地位往往取决于家庭的社会经济地位。对于底层青少年，由于来自家庭的社会资本较为缺乏，追求教育成就成为他们能否改变不利处境的重要因素。埃尔德（2002）发现，对于经历逆境的青年人，教育、服兵役、工作机会等具有"转机效应"（turnaround），足以改变他们人生发展轨迹。下文将主要通过宇虹的受教育经历，就学业成就对散居孤儿抗逆力所发挥的作用展开论述。

宇虹是 B 学院一名大三的孤儿学生，还有两个月就要毕业了。她已经找到一份工作，是在省城一所中职学校从事学生管理。她对此感到很兴奋："我找到了一份比较安稳的工作，能过自己想要的生活了。"幸福好像来得太过突然，让她感觉"一切仿佛不真实，以至于常常害怕哪天一觉醒来这一切突然消失不见了"。之所以有这样矛盾的心情，是因为她曾经几次面临失学。

宇虹六七岁时父母因车祸去世，当时爸爸的一个朋友周叔叔打算把她送到省城的福利院。快要上火车了，宇虹拉着周叔叔的衣服哭泣，不肯去。周叔叔不忍心，就把她带回了家。周叔叔家在农村，有两个儿子，加上宇虹一共五口人。宇虹在周叔叔家算是寄养，一直保持着孤儿身份。她第一次失学是在初中的时候，宇虹回忆说：

> 我们家有三个小孩，由于家里穷，不能同时承担我们兄妹三个上学的所有费用，所以在读初中的时候我辍学了，回家帮忙做

> 点小生意，那年我 14 岁。看着伙伴们背着书包去上学，你知道我心里有多么羡慕！我就一直央求叔叔让我去上学，终于他禁不住我的苦苦哀求，让我复学了。当我重新坐到课堂里的时候，心里明明很高兴，但还是不禁直掉眼泪，那时我告诉自己一定要好好学习，珍惜这来之不易的机会。

宇虹当时学习很用功，成绩也不错。但是初中毕业后，家庭的贫困让她放弃了读高中的梦想，再次面临失学。她说：

> 我中考都考上了市一中，但是叔叔婶婶说没钱供我上学。因为我大哥没怎么上学，二哥大我一岁，在读技校。叔叔婶婶也挺不容易的，婶婶腿疼，看病花了不少钱，叔叔靠种地养家……上不了高中自己也只能认命了。

不久，事情有了转机。宇虹一家从乡政府民政办得知了 S 孤儿职业技术学校招收孤儿学生的信息，可以免费就读。宇虹说：

> S 学校在我们市里只有两个名额，我很幸运被选上了。高兴之余，我从心里感谢国家对孤儿教育的资助，如果不是它的帮助，我在初中毕业后就得告别校园回到家里，我的人生将会是另外一番模样。现在回想起来，仍然觉得庆幸。

在 S 学校，宇虹不仅不用交学费，学校还发日用品、生活补助和零花钱。免除了生活方面的后顾之忧，她就一心扑在学习上。一次校外实践教学期间的工作经历让她进一步增强了"多学知识还是好"的意识，宇虹说：

> S 学校安排我来北京顶岗实习，在一家全国连锁的饭店做服务员，它是跟我们学校签了约的实习单位。那几个月的经历真是让我感受到多学知识还是好。客人吃饭点菜的时候，有的人看见你年龄不大，就会问你学历啊什么的……在饭店工作挺辛苦

> 的，每天上班几乎十二个小时，每月休息4天，倒休。和我一起来实习的几个同学陆续都离开了，我自己能坚持下来啊，主要是我自己不希望被人瞧不起。

经过三年的中职学习，宇虹不仅学到了一技之长，还得到了民政部"孤儿助学工程"项目的资助，考入了B学院。在大学里，她有了新的收获：

> 记得刚来到B学院时，我就被这里的氛围给深深吸引住了，到处是读书的身影，还有满腹诗书的老师……我自己也用功读书，每年都能以优异的成绩拿到奖学金。学院的老师们非常敬业，不仅在学习上帮助我们，在授课以外的时间也经常关心我们的生活情况，只要有困难，老师们会第一时间站出来帮助我们。正是有了他们的帮助，我才能一步一步成长起来。
> 　　在这里我学到很多知识，也认识了很多朋友。这些朋友让我不再觉得孤单，让我觉得在这有了家的感觉。现在面临毕业，我找到了一份比较安稳的工作……这里是我生命中一个重要的转折点，可以说我的人生从这里起航。

从宇虹的故事里，结合其他散居孤儿的类似经历，我们可以归纳教育机会和学业成就对于受访散居孤儿发展的意义。

首先，学业成就促进了向上的社会流动。从初中辍学到复学，从放弃读高中到受资助入读S孤儿职业技术学校，再升入B学院就读，最终在省城有"一份比较安稳的工作"，宇虹受教育的经历不可谓不曲折。但是，正是这难得的教育机会一步一步改变了宇虹的人生境遇，让她拥有了更多的生活选择。取得教育文凭并因此找到一份有薪水的工作，意味着孤儿在家庭或安置环境之外获得了某种程度的自主性和独立性，在散居孤儿的生命历程中具有转折点效应。凭借正规学校教育这个舞台，他们才有希望通过自身的不断努力获得个人发展。过早离开学校，他们可能就不得不从事低水平的生计活动，甚至因为缺少成人管教或受社区不良环境影响，沾染上得过且过、混社会的不良习惯。正如宇虹所说："在初中毕业后就告别校园回到家里，我的人生将会是另外一番模样。"

其次，学校更强调学生的自致地位而不是先赋地位，孤儿凭着自己学业上的良好表现赢得同学、老师甚至社区的尊重。在社区日常生活中，儿童的地位通常取决于父母的地位和声望。"孤儿"是一个先赋的、无法被改变的社会身份地位，他们在社区交往中经常会担心人们异样的眼光或歧视。因此，相对于家庭和社区，学校对于孤儿学生是一个更加公平的环境，可以通过自身努力在学业与行为上有良好表现，获得自我成就与个人地位。学业成功不仅对孤儿学生的自我效能感以及成就动机产生影响，也帮助他们赢得老师和同学的尊重，这是学校对于孤儿充满了吸引力的重要因素。良好的学业表现也有助于孤儿学生在认知层面克服社会普遍存在的孤儿"苦命""不会有理想的未来"等刻板印象。例如，宇虹在中考时考上市一中，在B学院每年都能以优异的成绩拿到奖学金，大专毕业时能找到一份相对稳定的工作，这些都是靠自己勤奋学习获得的社会地位。另一位被访者建武，则讲述了在学校里取得了良好的成绩让周围人对自己刮目相看、也为自己带来自尊和自信的事情：

> 上学第一年我就拿回去奖状了。我的生活中很少听到鼓励，回去的时候村里人见了都说我挺棒的，而我大伯的儿子学习特别不好，初中上了一年就不上了，我一直读到现在。在中学的时候我当上了班长，学习总在前五名，几乎每年都拿奖学金。

最后，教育机会尤其大学教育可以帮助他们实现自己的梦想。例如，黄园说：

> 和普通家庭的孩子相比，我是不幸的。可是我又是幸运的，最起码我可以有学上。光是这一点，就让我感到幸福无比，其他的一切都可以忽略不计……来到B学院，我很用功地学习。在校期间，我在大一就顺利通过学院规定的计算机等级考试和英语等级考试，在大二上学期还通过了全国大学英语四级考试。另外，在大二学年的奖学金评选中，我获得了一等奖学金……一步一步，一点一点，我逐个实现了高中时就规划好的大学任务清单。

对于贫困家庭的子女，教育是改变自己不利处境的一条重要通道，学校是可以帮助实现梦想的地方。学校教育让他们对未来抱持一种希望感：努力学习，将来会有更好的工作和更好的生活。这样，他们知道自己在学校每一天的坚持是为了什么。

四、课外活动

学校具有的参与和发展的作用,为散居孤儿提供了尝试、参与、突破自我的机会和舞台。在课外活动中,他们可以发展新的技能,使用新的技能,还可以结识更多的人,发展更广泛的社会联系,扩展社会支持网络。例如良娟就讲道:

> 我从小是一个内向的孩子,不敢表达自己。在B学院,一件件事情让我得以成长。军训素质拓展的时候,我毛遂自荐当了队长;元旦晚会时,又挑战自我,参与节目编排;职业技能大赛时,我也积极参与。这些活动让我也结识了一批志同道合的朋友,让我变得积极开朗起来……如今,我也有自己的梦想,也拥有了实现梦想的能力。

五、同学的支持

同学的支持是散居孤儿社会支持的重要来源。许多被访者都受益于自己从同学那里获得的亲密关系、情感与物质支持。例如,伟国在访谈中谈到关系好的同学,兴奋地说:

> 在S(孤儿职业技术)学校我有不少要好的朋友,我们一起玩了八年。前几天刚来一个同学,我们晚上在一起吃饭。七八年的哥们!我们那批同学的感情特别特别深,因为在一起的经历特别多。

另一位被访者红英从宿舍同学那里得到了情感支持,她说:

> 有时候,比如说节日的话也会回忆起父母,也伤心难过。(研究者:那怎么去面对和处理这种悲伤?)在学校的话我室友看见我不开心或者是难过了,她们会主动跟我沟通或者安慰,就帮我调节了。

有几位被访者在同学之间友谊和支持的基础上还发展了恋爱关系。苏枫、晓晨在高中读书时，与要好的同学发展成为恋人；另外两位被访者志锋、冬青则在大学与同学建立了恋爱关系。作为散居孤儿的同辈群体，同学在社会交流、分享秘密、尊重意见、提供支持等方面是其他群体所无法替代的。

六、小结

通过上述分析，可以发现学校是促进散居孤儿实现转变的重要场所。教师、同学提供了有益的支持；学业成就为他们的努力提供了正面回馈，有利于建立正向循环；课外活动提供了探索机会，拓展了社会交往，促进了他们的成长。研究表明，稳定的学校生活、与同龄人的积极关系以及与成年导师的情感联系可以影响寄养青少年的教育成就和中学入学率（Jessica et al., 2016）。同时，积极的学校经历更容易使孩子们倾向于有计划地进行有关事业、婚姻等方面的人生决策（Quinton & Rutter, 1988）。对于散居孤儿，一所好的学校可以帮助他们找到自己的闪光点，获得许许多多机会；可以使他们有更宽广的视野和人生格局，成长为有尊严、人格独立、阳光自信的人。学校提升散居孤儿抗逆力的机制如图7-2 所示。

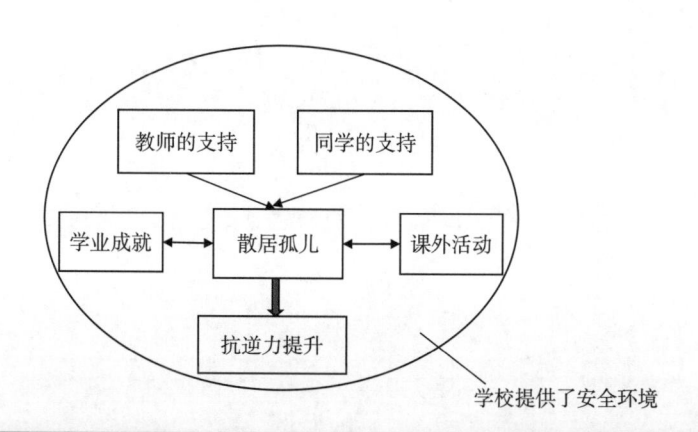

图 7-2 学校提升散居孤儿抗逆力的机制

第八章 散居孤儿个人内在的保护性因素

本章主要分析受访散居孤儿内在的保护性因素。散居孤儿所表现出来的抗逆力，除了和亲属网络、学校、儿童福利政策中关键的保护性因素有关，也与他们自身所发展出的能力、信念紧密相关。本章第一节讨论散居孤儿应对贫困的策略和自我心理调适策略；第二节讨论自我规划技能、自主能力和人际交往技能；第三节讨论他们所抱持的正面信念：希望感、进取心、责任感、教育带来改变的信念、榜样的精神激励和感恩之心。

第一节 应对策略

深度访谈资料呈现出受访散居孤儿所运用的各种不同应对策略，这些策略主要是缓解经济压力和心理上的不适。选择可行的策略，反应了他们克服困境和适应的能力。

一、应对贫困的策略

（一）边上学边打工

为了帮助照料者减轻经济压力、筹措上学的费用或者挣零用钱，本研究所访谈的绝大多数散居孤儿在很小年纪就开始做工。30名被访者中，年纪最小的打工者是黄园，当时她只有13岁左右。她说："小学六年级开始到大学的每个寒暑假，我都会出去打工，自己给自己赚零用钱。"

类似做过未成年工或童工的被访者还有王雨、伟国、谢菊、长文、池贵等[①]。王雨高一时母亲去世，她便开始独自生活，边上学边打工。她做过饭店服务员、网吧管理员，给饭馆串过羊肉串，等等。15岁那年，伟国因为不够工作年龄，就借用了别人的身份证复印了应聘去超市当收银员。他谈到自己早年的打工经历时说："那会儿在老家啥赚钱就干啥。在建筑工地上干过，做小工，搬砖什么的；干过销售，在集镇上卖衣服；在超市当过收银员。我自己都不知道我干了多少种工作。"

长文、池贵则是在寒暑假打工挣钱。长文说：

> 我寒暑假基本上都回家，然后在家那边找一些临时工做，帮家里面干农活。（研究者：做什么临时工？）就一些粗活，搬砖啊，我们村附近有个砖厂，然后去帮忙搬砖，我这一身肌肉就是干活练出来的（下意识地把胳膊抬起来让研究者看，神态显得很自豪）。每年暑假回去都去搬砖，有时候是白天，有时候是晚上，一天能挣一百多块钱。最多的时候一天挣过一百二十块，一个暑假能挣两三千块钱。（研究者：累吗？）说实话，累，但累也值。（研究者：这钱是给到你叔叔婶婶了，还是自己留着？）钱给叔叔了。开学的时候我返校，我叔叔把钱还是给我了。来学校的时候家里给的钱，我在学校基本上够用，也不再问他们要钱。在这边上学，周六日没事就去做兼职，有时候放假回去还能给叔叔阿姨他们买套衣服啥的。

打工挣钱不仅是散居孤儿在经济上自立的行动尝试，也是在为其社会自立和心理自立做准备。在寻找工作机会、适应工作岗位和与人打交道的过程中，他们学会了自己行动、自己判断、自己做主，以及对自己行为负责任。他们边上学边打工，树立起走向社会、自食其力、自尊自强的信心。

除了挣钱，打工对于一些孤儿来说还是一个参与社会、扩展关系网络的机会。汪跃就说："我跟我同学说好了，如果有做兼职的机会就让他们带我去，也算是一种锻炼吧。（研究者：你从中获得了什么锻炼？）很多。首先是视野上开阔，长知识，长见识。再一个人际关系，跟朋友的一些接触沟通，能打开你的人际关系。"

---

① 根据我国《禁止使用童工规定》，童工是指未满16周岁的儿童或少年工人。《中华人民共和国劳动法》规定，未成年工是指年满十六周岁未满十八周岁的劳动者。

（二）利用公共资源

面对经济上拮据的挑战，利用公共资源也是一些散居孤儿的适应策略。长文没有更多钱来买课外书，就利用学校图书馆的图书资源，他说："跟周围同龄的孩子比，我不像他们有钱可以去买自己想要的文具、课外书，但我可以利用学校的图书馆。我买不起书，可以从学校借出来看。中学有，大学也有（图书馆），所以就弥补了我这一方面的欠缺。"而且，长文还强调："关键不是你有多少课外书，而是这些书你能不能认真看。"

谢菊把打工挣到的钱寄给读高中的弟弟后，自己所剩无几，一直没有钱买个人电脑。读大二的时候，为了通过计算机等级考试，她经常去学校的计算机房练习电脑操作。她说：

> 我特别担心，我同学他们都有自己的电脑，可以经常练。我只能利用学院计算机房的电脑练。这学期刚开学，我还有一个月可以练习，过了那个月要考试，然后我真的疯了，每天没课的时候去就学校计算机房蹭其他班的课，练习电脑操作。晚自习的时候，只要没课我也会溜进机房自己练。后来，管机房的老师都认识我了。最后通过了考试，我挺开心的。

（三）缩减开支

为了省钱，一些孤儿缩减了非必需的消费，例如购买电子产品、休闲娱乐消费、人际交往中的攀比性消费等。他们把有限的钱用在基本生活需要、教育培训需要上，以及回馈曾经帮助过自己的人。王雨高一的时候成为孤儿，唯一的亲属——舅舅也不怎么管她，因此，王雨的生活一直很节省。在大学期间，能不花的钱她尽量少支出。她说：

> 我们宿舍第一次有室友过生日，请大家吃饭。别的同学给室友200块钱红包，我也得给200块钱，我不好意思只给人家100块钱。给完钱之后我在想，为什么过生日要一个人给200块钱？这么多！后来我才知道人家请一顿饭就花一千好几。后来我也就不过生日了，你们也别给我红包，我也没钱请你们吃饭，我觉得这种消费不是我的经济水平。她们过生日不告诉我，我就装不知道；告诉我了我就上街买个小礼物送给她，例如布娃娃之类的，也不

> 贵，饭我就不去吃了。我挺开心，少花一百多块钱。我生日那天是开学的头一天，都是在火车上或者是路上，我觉得这样挺好，不用花钱（过生日）。

二、自我心理调适策略

（一）为逆境创造意义

当逆境来临时，我们会通过因果关系和解释性的归因来了解事情是如何发生的（凯博文，2018）。Walsh（2013）[53]也认为，我们会为自己的经验制造意义，以应对危机与逆境。如何理解自己的逆境经历，如何跟父母达成和解，是孤儿能理性面对人生际遇，从过去的阴影中走出来的重要环节。访谈发现，一些表现出较强抗逆力的孤儿能够以某种合理化方式解释自己的遭遇和逆境经历，避免了延续的、复杂的心理创伤，从而得以将视线转向未来，重新定位生活。

一些受访散居孤儿将父母的早逝归因于命运的安排或上天注定，某种程度上获得了自我解脱和超越。命运是对个人生命存在的限定或规定（徐克谦，2002）。命运即人的有限性，人要面对许多自己无法左右、无可奈何的事情，接受和面对之后心中更容易安稳、平静。例如，成丽这样表达她的理解："谁都希望父母能长久陪伴自己，但（父母早逝）既然出现了，只能说是命运的安排，你得学会理解和接受它。"

一些被访者遭遇了父母一方死亡、另一方弃养，他们曾经无法理解父亲或母亲扔下他/她的行为，心中有过很多抱怨。但后来慢慢选择了在内心与之达成和解，不再执着于指责他们。例如宁宁说："我爸爸是因为生病去世的，医院也无法医治，那没办法是吧？妈妈的话我以前觉得她不对……很多人都曾跟我讲说她是你妈妈，你不应该怎么怎么对她。确实是这样的，她毕竟生了我，虽然没有养育我。那么多年也不知道她去哪儿了，我觉得她可能也有自己的苦衷，也不容易。一味地责难她，就太苛刻了。"

随着时间流逝和自身的成长，一些散居孤儿也会重整自己的心态，理性接受现实，放下心理包袱向前走。例如，高山说："以前老想自己为什么是这样一种状况，感觉自己很不幸，很多抱怨之类的，抱怨父亲和母亲他们多一些……现在，我已经放下包袱向前看。毕竟你的生活还得继续往前走，要靠自己的努力和奋斗去扭转。所以也不能老把那些事情视为包袱想得太多。"红英也表达了同样的观点："有的时候我会自己告诉自己不去想太多。（想太多）有什么用呢？过后还要生活，就提醒自己接受这个事实。"

（二）通过音乐、读书、写作、冥想等方式纾解负面情绪

由于失去父母亲人、长期在困难处境之下成长，散居孤儿累积了许多负面情绪，例如悲伤、愤怒、恐惧、抑郁与怨恨等。Walsh（2013）[313]发现，通过写作、音乐和绘画的方式来表达创伤经验，可以作为很重要的治疗和培育抗逆力的方式，痛苦可以被超越。深度访谈发现，为了应对负面情绪压力，一些散居孤儿采取诸如写作、读书、音乐、打太极等方式来调节身心，达到自我支持的目的。

通过日记等写作方式来表达和排遣内心的伤痛与失落，是一些散居孤儿采取的情绪调节方式之一。苏枫刚出生不久就被遗弃在养父家附近，养父收留、抚养了她。读高中的时候，养父因病去世，苏枫成为孤儿。在谈到自己大学期间如何打发闲暇时间时，苏枫说："我不喜欢热闹，周末一般会去图书馆，写写日记，调节心情，抒发对我养父的思念之情。"

一些被访者所学的专业与教育、社会工作等有关，他们因此接触了一些有关心理学、教育学、社会工作等方面的理论知识，这些知识可以帮助他们更好地理解自己过往的经历，增加自我洞察，调整自我情绪。例如，高山就从专业学习中找到了一些"自我疗愈"的方法：

> 现在（心情）好多了。尤其来学校学了社会工作专业之后，自己也想开了很多。专业对我来说帮助很大，教会我理解以前经历的一些事情，还有一些自我疗愈的方法。比如说我有时候会冥想，通过一些和缓的音乐，自己可以和自己的心待在一起。有一次课上讲"冰山理论"①，我就用"冰山理论"做自我分析，还有通过时间轴回顾分析曾经发生的事情（对自己）的一些影响。

另一位被访者汪跃借由社会工作专业的学习，增加了对自己过往经历的理解和对自我的接纳：

> 学了社会工作，对我自身的心理开导有许多帮助。比如说，有些不开心的事情我可以向别人寻求帮助，如果以前知道这些，就可能不会走那么多弯路。学社会工作会接触很多案例，其实有

---

① "冰山理论"是美国心理治疗师萨提亚（Virginia Satir）所提出的一个理论观点，是指个人的自我如同一座冰山，我们所看到的是表面很小的一部分，而其余部分则藏在更深层次，不易察觉。

> 很多案例跟我以前经历过的事情很像，根据理论的解释和老师的分析，我从中能理解好多自己过往的经历，减少一点困惑。以前好多事情我自己没法理解，通过书中的案例对比，我就知道了原来是这样，这也帮助我更好地接纳自己和身边的人。

（三）从自怨自艾的狭小圈子里走出来

从青年向成年转变的过程中，虽然失去父母的伤痛不会完全消失，但一些被访者对悲伤感受和情绪变化能自我调适，逐渐克服其对身心的困扰。同时，他们也积极参与各种活动，努力去克服因特殊生活经历和处境带来的自卑、焦虑、退缩等，逐渐培养了乐观、自信。当他们把生活的重心转移到学习以及各种活动中的时候，内心的失落感就会减轻，积极胜任的感觉就会增强。许多被访者在大学里参加志愿服务、读书会或竞赛，他们也竞选、担任学生干部。晓晨、高山、红英等就担任了学校或班级的学生干部，建武是学校国旗班的成员。伍莫在访谈中谈到参加各种实践活动给自己带来的心态的积极改变：

> 大学两年多来我积极参加各种社会实践活动……虽然参与社会实践活动会牺牲掉很多休息时间，但是从中获得的对社会工作专业的感悟及带给我个人的那份充实和自信却是我受用一生的财富。从小到大我都是一个墨守成规的乖孩子。来到学院后我才发现大学是一个缤纷的大舞台，它无时无刻不在吸引着我。它让我意识到躲在墙角做乖孩子不是真正的强者的选择，更不是自己内心真实的想法。成长意味着改变，改变才意味着长大，只有不去理会以往观念的羁绊，勇敢地走出来，把握住每一次机会，才能让自己的能力得以发挥和提高。

B学院的辅导员L老师在评价参与社会活动对散居孤儿的影响时也说："他们当中学习好的、表现好的，真的特别突出，非常优秀。一些同学当上学校学生会干部、班干部，一些同学参加国旗班、军乐团，在各种活动里都挑了大梁。当他们参加各种社会活动的时候，就逐渐能从自怨自艾的狭小圈子里走出来，变得积极阳光。"

（四）讲述自己的故事

不管是疾病治疗还是心理治疗，案主都能够从讲述他们自己故事的过程中获益。凯博文（2018）发现，病人及其家人都会因为医生愿意聆听（并认可）他们的诉说而获益；他们可能要求协助解决与病症有关的实际问题；他们也可能要求情绪宣泄的机会，或者某种更特别的感情支持，特别是当他们被焦虑困扰时。Walsh（2013）[57]也认为，通过分享故事，我们可以逐渐认识自己，并通过理解更大的社会脉络，建立清楚的认同感并正确进行自我定位。在叙事疗法（narrative therapy）里，案主重写（重组）自己的生命故事，在新的故事里，人能活出新的自我形象，在关系上得到新的可能，以及新的前景（Freedman & Combs，2000）。

在受访散居孤儿看来，在一个安全的环境里把自己痛苦的故事讲述出来，可以释放他们的心理压力。晓晨就是其中一例。

> 晓晨：过去的那些事我一直不想再提。但是我觉得有一天我能把我认为最难过的事说出来，我觉得那就应该是我走出阴影的一个好的表现吧。
>
> 研究者：你今天很勇敢地讲出来了，你怎样评价这一表现？
>
> 晓晨：嗯，我觉得今天是一个好的表现。我之前不想提，总是躲，但我后来就不想躲了，因为我就想去尝试，说出来就会更好一点，可能自己的心更坦然一些。

有的受访散居孤儿不只是诉说坎坷与苦难的故事，也讲述亲属和自己有关勇气、坚韧、希望的故事。比如池贵就说：

> 每到一个地方我都会讲我爷爷奶奶的故事。我觉得我是一个幸运儿，因为我从小跟我的爷爷奶奶生活。我爷爷和奶奶这两个人虽说没有文化，但是我发现他们是挺聪明的两个人。我们那边的人不重视教育，但我爷爷奶奶让我好好读书，让我不要走错路。我觉得他们两个把我带成这样，我已经很感谢了。要不是他们两个的话，也许我真的来不了首都，即使来也是以另外一种身份来打工。所以我觉得我很幸运……我跟人谈话的时候也特别喜欢聊自己的人生、梦想，因为我觉得我的人生还是非常有聊头的，非常有故事。

池贵重新书写了自己的人生故事：将一个苦难、伤感的故事转换成充满感恩、希望与信心的故事，一个抗逆力的故事。

（五）建立新的亲密关系

经历了情感、精神联结的断裂，散居孤儿们很有可能通过恋爱的方式来寻求他们所渴望的温暖和支持。在深度访谈对象中，晓晨在高中阶段就有了恋爱对象，苏枫、志锋、冬青、韩林等则是在进入大学后建立了恋爱关系。苏枫说："我男朋友在贵州上大学，也是读专科。他是我高中时候的同学，交往时间较长，大一的时候确立了恋爱关系。男朋友很朴实，会照顾人。他们家庭很和谐、亲切，我喜欢那种家庭氛围。男朋友的爸爸也挺关心我。"晓晨与男朋友是青梅竹马的关系："我们小学就是同学。小时候就玩得比较好，一起上学放学。初中也是……（高考后）他看我报了这个学校，然后他也报了，一起考过来的……以前总会把心情告诉他，他包容我，我也包容他。我习惯他在我身边。"

亲密的个人关系以信任、自我表露、承诺和关心为特征。在向成年过渡的过程中，人际关系中新的亲密关系的建立对散居孤儿克服内心的伤痛、形成和维持全新的自我认同都很重要。

第二节　技能发展

因为生活困难，散居孤儿可能较早地承担起家务，或从事与生计有关的事情；他们可能较早就开始独立计划、处理自己的事务，积极争取社会资源和参与机会；他们可能需要加倍努力才能获得同学、同伴的接纳和认可。家庭没能给他们提供太多的发展条件和资源，多数时候他们只能依靠自己。在应对种种挑战的过程中，散居孤儿锻炼了其个人技能，这些技能是他们个人可以终身受益的"资本"，有助于提升他们在面对困难时的适应能力和应变能力。

一、自我规划技能

那些有良好适应的散居孤儿能够对自己的未来进行计划，清楚自己的发展目标，并付之于行动。这些计划包括了教育规划、职业规划、财务规划等。例如长文、红英规划了专科升本科的教育目标，汪跃在为公务员考试做准备，高山则从大一就开始计划自己毕业后的去向。高山告诉笔者：

> 我现在盯着西部计划①。大一的时候，张贴栏里有宣传，我就看到了，也找团委的老师咨询过。我挺感兴趣的，想毕业之后去参加。后来就一直在关注新闻，我现在盯的项目是援藏和援疆，想去锻炼一下。因为基层的话，虽然说苦，但是真正能锻炼自己的还是在基层……上一届有一个学姐，她报名到内蒙古自治区去，我也跟她了解过情况。我盯它应该有两年多了，所以我明年毕业的时候报名去的决心比较大。

池贵则打算毕业后回家乡当一名教师，这跟他自己的经历有很大的关系，他说：

> 我现在的专业是学前教育。我本来就特别喜欢这个专业，我到这里来也是冲着学前教育来的，C 学院、Y 学院都没有学前教育。（研究者：为什么对这个专业这么有兴趣？）因为我特别喜欢老师这个行业。我在读初中的时候，我们班有些同学，包括我自己在内，因为家庭的种种困扰，当时都有点自暴自弃，不想上学了。当时我们家真的有些时候连饭都没得吃，饿着睡觉的，特别崩溃，就不想读书了。当时如果有个人帮帮我，把我拯救出来的话，我不至于那么惨。然后，我看到一些伙伴也被逼到生活边缘，但是没人去帮助他们，好像他们就没用了。我当时就在想以后要当个老师，把他们从边缘给拉回来，把他们拉回到正道上来……我们村里头还有孤儿，父母离异的也多，还有那些留守儿童，父母一年四季都在外边打工，留给爷爷奶奶照看，爷爷奶奶又不懂教育，不是说他们很笨，是没那个环境，在最好的年龄段没受到教育，真觉得可惜。

伟国对自己的财务有着清晰的规划。在大学期间，他应征入伍，两年服役期结束后，他又返回学校继续完成学业。他讲述了自己的财务规划与管理经历：

---

① 大学生志愿服务西部计划，由共青团中央等部门于 2003 年开始实施，每年招募一定数量的普通高等学校应届毕业生到西部基层开展为期 1~3 年的教育、卫生、农技、扶贫等志愿服务。

> 义务兵津贴一个月七八百块钱，一年八九千块钱，当时我都存起来了，在部队也没什么花销。退伍的钱给了十几二十万吧。这些钱凑起来我在老家县城买了一套房子，全款买的。我伯伯、姑姑他们也帮助了一点，几万块钱。大部分，百分之八十都是我自己的钱。如果他们不支持我，我自己在外头打工，一年也差不多能挣几万。我以前在外面打工挣的钱都搁家里没花，18岁之前国家政策给我们这些孤儿每个月六七百块钱的生活费，我那会儿全存着了，都没怎么用。钱都用来买房子了，现在我就是正经的穷光蛋了。没办法，你说以后要结婚怎么地，不得有个房子吗？现在房子还没装修，也不着急住。我要是一装修完也得交物业费。

对于散居孤儿，个人规划什么以及如何计划，很大程度上依靠他们自己。规划过程要求他们了解自己的兴趣、优势和局限性，知道哪些选择是可行的，匹配自己的实际情况，同时又具有一定程度的灵活性。

二、自主能力

由于家庭原因，自主性在散居孤儿的身上体现得十分明显。许多散居孤儿从小就知道，想要的东西得靠自己努力去争取，普通孩子可以不会做的事情自己一定要学会做。艰苦的环境让他们发展出独立性，淬炼出自立自强的人格特质。锻炼他们自主能力的第一条途径是打工。打工挣钱培养了孤儿的自立意识和能力，提升了他们的自我价值感。在成长过程中，散居孤儿在经济上要依赖父母之外的其他人供养，包括祖父母、兄弟姐妹、亲属，以及来自社会慈善和政府福利的支持。打工挣钱是他们逐渐摆脱对他人的经济依赖而走向独立的过程，尽管不可能做到完全的经济自立，但他们可以减少供养，少向抚养者要钱。访谈中，黄园告诉笔者，从小学六年级开始到大学的每个寒暑假，她都会出去打工，自己给自己赚零用钱。她这样表述自己第一次打工挣钱后的感受："你可能没办法体会到，小学六年级的那个暑假，当我打工拿到我人生的'第一桶金'的时候我的那种巨大的成就感与满足感，虽然它只有仅仅一百多块钱。当时的我觉得，这个世界上最幸福的事情就是花自己赚的钱！"

锻炼自主能力的另一条途径是承担起家务，照顾弟弟妹妹甚至是反哺照管者。例如高山这样讲述：

> 人家都说我比较成熟。一般的事情都是我自己做决定，自己能做的事情不会依赖别人。爷爷很多事办不了，毕竟年纪大了。我很多事都是被逼出来的，不能什么事都指望爷爷。例如爷爷生病住院、报销医药费、申请什么东西，都得我自己跑。从初中开始，我就是家里的重要一员了。

谢菊为了支持还在读高中的二弟，在B学院读书期间除了上课、完成作业，其余的时间都用来打工挣钱。为了鼓励二弟，她也打电话跟二弟交流，并且坚持每个星期一给二弟发一条短信。俗语说："长兄如父，长姐如母。"在散居孤儿的家庭里更是如此。作为姐姐，谢菊更早懂事，知道操心，会照顾弟弟，扮演了许多父/母亲的角色。

自主使得散居孤儿拥有成为自己生活主宰的自由，使得他们每个人根据自己独特的个性、信念和兴趣，塑造自己的生活。

三、人际交往技能

在积极争取社会资源和参与机会的过程中，一些被访者锻炼了人际交往能力。他们能很好地交流，与其他人交往时更容易成功，更受欢迎。例如，王雨这样评价自己的人际交往能力：

> 我的优点吧，我觉得自己会跟人唠嗑，我这张嘴会哄人，会说，人际交往还行。比如说我高中学校对面的商店，整个学校里别人都不可以在它那儿赊账，但是我可以。因为我会说，会哄人家，整个学校只有我在他家欠账……上晚自习的时间我跑出去打工，十点半之前赶紧往回走，因为寝室大门要关了。有时候回去稍微晚了，我就好说歹说，哄管宿舍的阿姨，告诉阿姨说我得挣钱，挣钱了给你买水果。就这样软磨硬泡，阿姨有时也放我进去。

B学院的一位班主任C老师，在访谈中也谈到一些散居孤儿学生因为较早接触社会，人际交往能力比较强：

> 有些同学人际交往特别好。其实在人际交往这块，孤儿也是两极分化的，有些同学非常内向，不愿意和人来往，有一些从初中过后就在社会上了或在中专，所以他们在人情世故这方面就非常圆滑，很会处理事情，有时我都挺佩服他们的。

第三节　正向信念

一、希望感

尽管身处逆境，多数被访者还是保持了对未来的希望感，相信通过努力可以战胜困难，获得属于自己的成就。例如黄园说："虽然我的童年是不幸的，但是我可以创造出一个幸福的未来。"雨芳也表达了同样的希望感：

> 小时候我在爷爷的呵护下成长。上高中后，爷爷的身体不是很好。那个时候我就告诉自己一定不能辜负爷爷的期望，一定要考一所大学，于是我每天发愤图强……能够留在这所学院，我不再是因为国家的助学金，而是我的大学梦，还有成为未来顶尖婚礼策划师的梦想。我一定要学以致用，将所学的运用到婚礼行业中！

多数被访者在迈过了各种困难之后产生了对未来的信心，觉得他们能够掌握自己的命运，未来会更好。例如伟国就直言道："度过了最糟糕的时候，还有什么困难不能克服呢？"王雨也表达了同样的希望感："该遭的罪现在已经遭完了，以后会更好，肯定不会再惨成那个样子了。"他们对未来有希望、有梦想，就会为了达成目标而努力规划和学习，努力去克服困难。相关研究也发现，对未来的期望是年轻人抗逆力的一部分，积极的期望可以作为消极结果的缓冲，也可以激励年轻人努力取得更好的结果（Yafit，2016）。

二、进取心

穷人家的孩子早当家。在资源禀赋上捉襟见肘的散居孤儿深谙此道，为了最大限度地实现梦想就要努力奋斗。在讲述自己的故事时，一些受访散居孤儿显露出积极的进取之心：他们有比较清晰的自我发展目标和规划，并为之付出努力；他们不会因为自己家境不好而自甘人后，反而主动迎接挑战、积极争取更好发展。长文就是一个典型例子。

> 长文：我这样一个家庭条件让我一定要追求上进。今年我通过了专升本的考试，九月份将要去北京联合大学读本科……七八月份我打算找份工作做做，读本科的话学费、住宿费、生活费都得自己交。开学了就边打工、边上学。
>
> 研究者：新的大学会有减免学费、住宿费等优惠政策吗？
>
> 长文：到了那边再去找找学生处看有没有优惠政策。我觉得有更好，没有也就没有，也没有抱特别大的期望。
>
> 研究者：如果没资助的话你的经济压力会比较大，有想过吗？
>
> 长文：压力就是动力，没有压力哪来动力？
>
> 研究者：有时压力太大了，会不会觉得有点喘不过气来？
>
> 长文：人嘛，得逼自己，逼到自己的极限。不知道别人怎么想，反正我自己这么想。

多数被访谈的老师也谈到那些表现良好的散居孤儿身上所具有的一种品质——进取心。例如B学院的L老师这样表述了他的观察："在他们（孤儿）身上看到另外一种东西，就是不断地去上进、去追求的精神，在他们身上比普通的学生要强，因为他们没有靠山，只有他/她自己。"

三、责任感

理解散居孤儿个体内在抗逆力，"责任"是一个重要的关键词。从访谈中发现，散居孤儿的责任感包括对养育者的回报、对手足的责任，以及对社会的回报。

绝大多数散居孤儿对养育自己的亲属、家庭有一种深刻的责任感与回报思想。这种对家庭的责任体现在其成长过程中，例如参与家务劳动、打工挣钱减轻家庭经济压力，同时，他们也表达了将来要更多地照顾和支持亲属的想法。抚养人是祖辈的散居孤儿表示自己以后要承担起赡养老人的责任。例如，池贵谈到以后的打算时说："我要把爷爷奶奶的余生给安顿好，让他们两个过稍好一点的日子，他俩以后走的时候也安心。我读书首先是为了我自己，也是为了改变他们两个的生活。"抚养人是叔伯等亲属的散居孤儿表示自己参加工作之后，要善待亲属，帮助他们实现愿望。例如，冬青父母去世后在叔叔家生活，谈到对叔叔婶婶回报，她说："将来我要带他们出来玩，他们没坐过飞机，我要带他们坐飞机去旅游。"

对于为自己及家庭提供了巨大支持甚至做出了自我牺牲的兄弟姐妹，受访散居孤儿抱持一种强烈的责任意识。例如，长文的姐姐、池贵的大妹、谢菊的大弟都曾主动退学，打工挣钱来支持家庭、支持他们读书深造。访谈中，长文、池贵、谢菊都强烈地表示以后要尽力去回报。长文说："我以后不管过得好与坏，我姐有困难就尽量去帮她。她牺牲自己的学业，出去打工了，好让我在这里学习，她对我帮助这么大，我已经对不起她了。所以觉得我应该好好去支持她。"

除了对家人、亲属的责任感，有抗逆力的散居孤儿对于社会也怀有回报意识。王雨在报考高职的时候，自己选择了B学院的公益慈善专业，她这么解释自己为什么对公益慈善专业感兴趣：

> 因为我觉得我是一个经历很不好的人，高一的时候成为孤儿……这么多年都是政府在支持我，让我能把高中念完，还上了大学。怎么说，当时就在想，从国家获得了这么多的支持，咋也得回报一点。我就觉得（公益慈善）这个专业可能以后还能回报点，觉得可以通过学公益慈善专业，将来从事这个行业来回报社会、回报国家。

可见，受访散居孤儿的责任感是对自己应尽义务和应负责任所持的积极自觉的态度，而承担责任本质上就是在寻找有意义的人际关系与人生目标。对亲属、家人、社会的责任感让他们的生命拥有了更高一层的意义。

四、教育带来改变的信念

多数被访者都秉持一种观念，即教育可以改变自己的境遇。他们也将这种信念付诸实践，一直坚持上学，并凭借自己的努力获得升学的机会。更为重要的是，受教育的经历和成就使他们在困顿中拥有了对未来的希望和对生活的掌控感。丧失父母的巨大创伤粉碎了儿童的希望和梦想，贫困、歧视与不稳定的安置生活撼动了儿童生存和发展的根基，这是人生际遇强加给他们的不公平起点，是极为劣势的先赋地位。在缺少家庭资源的条件下，受教育、升学成为孤儿改变自己不利处境的一个突破口。对于教育可以带来什么改变，被访者有以下三种理解。

第一种理解是更高层次的教育可以帮助他/她有能力获得一份较好的工作，缓解家庭困难。耳闻目睹了亲属劳作的辛苦，体验了拮据的生活，他们希望通过读书来改变自己和亲属的生活境遇。例如成丽说："我是一个生长在农村的孩子，在我还很小的时候，爸爸妈妈就不在了，后来奶奶也走了，只有爷爷在努力地挣钱养我。他在生活中既要充当着爸爸的角色又要充当着妈妈的角色，十分不容易。在学习上虽说有点困难，但是我坚持相信：只要我好好努力，上了大学，有了一份稳定的工作，爷爷就不用那么辛苦了。"

第二种理解是通过读书上大学他/她可以有更多的知识和人生选择。例如晓晨希望能走一条跟母亲那样的传统女性不同的道路："我学习很用功是因为我想改变一点，不想过我妈妈那样的生活。我妈有精神疾病嘛，我奶奶当时特别封建，就说这个病得用那种特殊的方法治。我小时候的记忆里，我妈一犯病，我奶奶就让我爸打我妈，越打越严重。妈妈的病总是这样拖着。我觉得我奶奶没有知识，才让事情变成这样。"另一位被访者汪跃，则是希望通过读书成为一个有出息的人，而不是叔叔、大爷们眼中没出息的人。

第三种理解是拥有更多的知识可以让他/她帮助到有相似经历的孩子。在他们的生活环境中，他们接触到了许多跟他们有相似经历的孤儿或困境儿童，理解他们的苦衷，对他们的彷徨挣扎有深刻的同理心。他们希望能够拥有更多的知识和力量，从而去提供力所能及的帮助。池贵、王雨和晓晨，三人所学的专业分别是学前教育和公益慈善，在访谈中都表示希望以后能从事儿童服务工作，用所学的知识和自己的经历去帮助那些遭遇困境的儿童。

散居孤儿所拥有的教育带来改变的观念一方面来自他们个人的切身经历和感受，另一方面也来自周围成年人对教育的重视。例如，汪跃说："我家很多亲戚在帮助我，他们就告诉我，只有学习才是唯一的出路，除了学习之外再没有任何别的办法能够让我去改变自己的处境……我就一直看书，学习。"他们个人在教育上所取得的成就也带来正向回馈，强化了教育带来改变的观念。

五、榜样的精神激励

在我们的生活中或者文学作品里，都存在许许多多身处逆境但能勇敢面对、战胜困难的人物，他们所展现出的力量让人们欣赏并从中获益。他们可能是勇气过人、成就非凡的伟大人物，也可能是直面各种苦难的豁达的普通人。当我们遭遇困境时，这些榜样的故事会带给我们关于人类勇气和道德的力量，将我们导向更积极的方向。那些成功实现了抗逆性重构的散居孤儿，其抗逆力不是仅仅靠自己培养起来的，他们从其他一些表现出抗逆力的榜样与楷模身上获得了启发与精神激励。

在散居孤儿的生命历程中，家庭和社区的"英雄人物"是他们培养抗逆力的最好的榜样。汪跃的姥姥体现了许多抗逆力的最佳品质。她在汪跃的心灵中播下了抗逆力的种子，灌输了勇气、坚强、希望等一系列正向的价值观。池贵从爷爷奶奶的身上汲取了精神力量。尽管母亲病逝，父亲因酗酒、吸毒抛弃了家庭，但池贵说自己是个幸运儿，因为从小跟爷爷奶奶一起生活。他评价奶奶"心特别坚强"，爷爷奶奶是"挺聪明的两个人"，他们重视他的教育，让他好好读书，不要走错路。伟国也将爷爷视为自己的榜样。在伟国的心目中，爷爷是一个严厉的人，也是一个有思想、有能力的人。爷爷当过兵，善于经营，待人热情，在社区中有较好的口碑。爷爷曾经带着伟国和弟弟挖野菜，讲自己小时候吃观音土的往事，培养伟国兄弟俩吃苦耐劳的品质。伟国说："我感觉我现在就跟着我爷爷这条路在走。"谢菊的榜样则是她的堂哥。谢菊的大伯父身体不好，堂哥独自一人撑起整个家庭。谢菊说："最可贵的是他用他的经历来教育、鼓励我。"

文学作品中有许多克服逆境的人物和故事，它们超越时空，激发人们身处困境但仍然保持希望和勇气。宁宁很小的时候父亲去世、母亲离家出走，她说自己最喜欢做的事情就是看书，尤其是那些反映人们自强不息的小说作品，从中她领悟生活的困难和生命的顽强，她说：

> 我最喜欢看的书比如《平凡的世界》《追风筝的人》《活着》之类的[①]。我觉得《活着》那本书对我的影响挺大的，那天晚上我看着看着就哭了。书里面的主人公富贵经历了很多很多不好的事情，如果是一般的人，可能就一死了之，活不下去了。他身边的人都去了，就一个老人活着有什么用？但是他并没有（放弃生命），还是选择坚强地活下去，我就觉得好震撼！看完了我心里头有很多的感触。

六、感恩之心

大多数受访散居孤儿怀有感恩之心：感恩于亲属、学校、社会给予的支持，为自己现在拥有的而感恩。例如，良娟说：

---

① 这些小说都展示了普通人身处艰难处境，与命运抗争、坚韧不拔的故事。——研究者注。

> 每当听到《感恩的心》这首歌的时候，我就会想到我现在所拥有的这一切：我现在可以在这么好的环境下学习，无忧无虑地过着大学的生活，可以静下心来学自己喜欢的专业，做自己喜欢做的事情，这是我最感到幸福和骄傲的。

心怀感恩也激发了受访散居孤儿的利他主义精神，他们希望将来不仅让自己生活变得更好，还要帮助更多的人。例如黄园就感慨地说：

> 有句话说得好，没有一种给予是理所当然的，没有什么是必须应该的！所以，对于我们所领受的所有任何形式的帮助，哪怕是情感上的，都应该心存感激。我深知如果没有初中三年级之后各种社会人士、企业和政府的资助，就不会有今天的我。真诚地感谢所有帮助过我的人，感谢他们让我体会到的种种温暖……我也愿意做一个温暖的人，成为一份温暖的源泉，将来把这份温暖传递给更多需要它的人！

学会感恩才会有一个积极的人生观，才会有一种健康的心态。反之，不懂感恩，一味埋怨生活，只会导致意志消沉、精神萎靡。感恩将受访散居孤儿连接到帮助过他们的人或组织，将他们的过去连接到未来的希望和梦想，将他们的生命经验连接到更广泛的社会、文化和信仰。

第九章 散居孤儿抗逆发展的类型

虽然散居孤儿都遭遇了父母早逝，在无父母保护的处境下成长，但他们身处不同的养育环境，有着不同的风险因素和保护性因素，有着个人独特的生命历程。这些环境和个体方面的差异决定了散居孤儿在成年早期呈现出不同的调整、适应结果。本章根据散居孤儿在成年早期的发展状况，将他们抗逆发展（reintegration）的类型分为五种：积极适应型、内在挣扎型、平衡维持型、独自抗争适应型和非常规适应型，并探讨它们各自的特征与发展路径。散居孤儿成年早期发展状况的评估主要使用了受访散居孤儿的抗逆力测量得分，并辅之以精神健康测量得分、班主任对其心理行为表现的评价，以及研究者在深度访谈时的观察与评估等信息，综合地对被访者经历逆境后的发展状况/适应结果进行了甄别。

上述五个类型的建构借鉴了 Richardson et al.（1990）"抗逆过程模型"所提出的经历逆境后的四种可能发展结果：抗逆力重构、恢复平衡重构、适应不良重构和功能失调重构。同时，考虑到抗逆力的展现取决于风险因素与保护性因素之间的抗衡过程（Luthar & Cicchetti, 2000），因此，划分上述类型时也将受访散居孤儿风险因素的规模和程度、内外保护性因素的强弱纳入进来。

第一节 积极适应型

逆境下的积极适应型以经历逆境和恢复良好为特征，属于抗逆力较高的类型，也是最理想的发展结果。积极适应意味着在人际关系、学业表现、自我认同等方面取得成功适应，并且避免了精神健康问题。典型个案包括伟国、池贵、汪跃、长文、黄园、高山、志锋等。这些散居孤儿在其生命历程中遭遇多重逆境，包括丧亲创伤、经济贫困等。但他们很幸运地拥有亲属网络的抚育和保护，得到了社会政策尤其是孤儿福利政策的支持，获得了教育机会与学校资源，在持续的学校经历中取得了学业成就、发展了自我效能感和自尊。从发展结果看，这些散居孤儿在成年早期不仅从逆境打击中恢复过来，还在抵抗逆境的过程中拥有了更强大的自我，发现了更深刻的人生意义。

一、积极适应型的发展状况

（一）抗逆力测量和精神健康测量得分较好

这个类型的个案来自高抗逆力得分组，即抗逆力得分最高的25%群体，在普通精神健康量表（GHQ-12）的测量中，他们的得分处于低危（得分为0或1）之列，说明精神健康水平较好。

（二）从丧亲创伤中恢复

深度访谈发现，这些具有较高抗逆力的散居孤儿个案在外部环境的保护下经历了一个自我醒觉的过程，获得了对成长的体悟，从丧亲创伤中恢复。在内心中，他/她与早逝或弃养的父母和解，理解了人生的不完美和局限；他/她不再受过去创伤事件的纠缠，能够接受丧失的事实和生命中的缺失；他/她更能体会当初经历创伤时自己的无力感，明了过去的危机如何影响了他/她的生活；他/她勇于直面现在和未来的困难，有能力追寻自己的希望和梦想。在人际关系方面，他/她深刻地意识到了亲密关系和支持资源的重要性，在心理上更加亲近那些关心和照顾自己的家人、亲属；他/她努力与同学、朋友发展更深的友谊，或者追求心仪的人发展恋爱关系。

（三）具备了内在的韧性

B学院的班主任对这些个案的评价上，都认为他们属于孤儿学生"两极分化"中表现好的一端，在学业、活动参与、人际关系等方面他们均表现出良好的适应能力。他们勤奋学习，大学期间的学习成绩较好，他们也积极追求更高的学历，例如准备专科升本科的考试。在社会参与方面，他们大多在学生会或班级担任学生干部，参与班级建设和学校活动。他们中的绝大多数专注于"自立自强""穷人家孩子早当家"的价值观，在课余做兼职工作、寒暑假打工，挣钱维持自己日常开销，甚至补贴家用，缓解家庭经济困难。

在与逆境抗争的过程中，这一类型的散居孤儿也发展出内在韧性。他们具有上进心，不断地通过自己的努力、利用资源来追求个人地位和成功。他们能吃苦，边上学边打工。他们具有解决问题的能力，拥有自主生活技能，对自己的事情能独立做规划。他们对抚养家庭、对兄弟姐妹有一种深深的责任感，希望工作后能够反哺抚养者、照顾弟弟妹妹。他们经历了苦难、困惑和挣扎，对生活周围那些处境不利的孩子具有同情心、同理心，希望在今后生活中能够尽力帮助他们。他们在成长过程中接受了政府、学校、社会人士的各种帮助和资助，心存感激，他们愿意将这份温暖传递给社会上更多有需要的人。

二、积极适应的过程分析

在下文中，笔者将透过池贵的故事，分析这个类型散居孤儿抗逆过程：如何经历多重逆境，外部保护性因素怎样缓解风险并影响了他们生命的轨迹，以及其内在保护性因素的发展。

（一）重压之下身心灵的瓦解

池贵，21岁，彝族，家在四川省凉山州的农村。有两个妹妹，大妹比他小两岁，二妹比他小五岁。爷爷奶奶健在，爷爷的一条腿轻微残疾。10岁那年是池贵的生命转折点，妈妈劳累加上生病去世了。回忆当时的情形，他说：

> 之前我爸爸在南京那边打工，妈妈在家里面做事，总是干活。她一个人带着我们三个孩子，然后耕地，妈妈是个女强人，其实原本是男人干的活，比如说耕地，也是她自己干。可能是体力活太重，后来慢慢地她身体就累垮了。我记得那时候生活也不好，吃的是用玉米做的那种饼，她经常头晕。当时我们村里面没有医院，也没有药，看病只有到县城里，车费又贵，家里也没钱，妈妈总是拖着不去。

对于爸爸，池贵评价他是一个"没心没肺，永远长不大的人"。妈妈去世之后，爸爸开始酗酒，成天不务正业，也不管家里，后来发展到吸食毒品。为了喝酒、吸毒，爸爸把家里值钱的东西都拿去卖了，还跟爷爷奶奶吵架、打架。池贵深深体会到"日子过得很艰难"：

> 反正我妈走了之后他就开始喝得烂醉如泥。家里面猪也没了，牛也没了，他都给卖了去喝酒、吸毒，有些还债了。有一个我们家祖上留下来的敲石头的那种工具，不知道叫什么，他都拿去卖了吸毒。他以前还学了开车，他的驾照也给他拿去抵了换钱。

> 然后他跟我们天天吵闹，跟我爷爷奶奶打架。他把家里的衣柜给砸了，把电视给砸了，好不容易有个电视，都给砸烂了。就只剩下一张他睡的床。家里面有些时候想吃饭都吃不了，他在那里闹事。

池贵上初中的时候爸爸吸毒最厉害，经常跟爷爷奶奶吵架、打架，家无宁日。有一年，奶奶和池贵爸爸吵架之后喝了农药，差一点就死了，给抢救回来了。但是爸爸还是不改，还是照样吸毒，照样混日子。池贵陷于绝望之中：

> 那几年里，我妈没了，我爸那时不务正业，我一下子特别自卑，特别没有安全感。总觉得不如别人，总觉得自己不行。学校有什么活动我都不敢去参加，我怕我弄不好。我也没心思好好学习。我就感觉自己没希望了，反正家里面也那样了，没有必要去好好上学，好好生活。我当时真的有过一走了之的那种想法。我想过！但是后来我真的不敢。为什么不敢呢？因为我要是这样做了，我奶奶怎么办？我爷爷怎么办？我妹妹还很小，当时想到这些就害怕。我就自暴自弃，初三上学期我逃学了一个月。反正也没希望，反正交不起学费，反正上学也没收获，就这样自暴自弃，特别厉害。
>
> 初中快毕业的时候我就不想读书了，我想要去打工。跟我一起长大的村里的伙伴、发小，很早就不读书出去打工了。他们有好衣服穿，有手机，染发，当时我真的特别羡慕，特别向往他们那种生活。我也想有他们那样的发型，那样的衣服，还有手机，而且他们有时还会说一两句广东话，我就特别羡慕。他们跟我说，走，一起去打工混吧，很开心什么的。当时我就想不读书跟他们跑出去了。

在生命成长最重要的阶段，池贵遭遇了严重的危机：母亲去世，父亲酗酒吸毒，放弃对兄妹三人的抚养责任，家庭里的争吵，生活的贫困，这些将他一度推至濒临崩溃的悬崖边缘：悲伤、无助、恐惧，未来的生活、教育、个人梦想也都变得无法预测。

（二）外部保护性因素的作用

面对一系列的冲击，社会环境的支持为池贵提供了抵御压力的保护伞、缓冲器和避风港。这些外部保护性因素包括了家人、亲属、学校和福利政策等的支持。例如，在池贵的眼里，爷爷奶奶是"挺聪明的两个人""非常了不起"；大妹"特别懂事""打工挣钱撑起家里的担子"；学校一些老师也让他"特别尊重和佩服"；还有家族里的一个叔叔也经常给他"讲一些道理"，教育他要好好读书"。

第一是爷爷奶奶对池贵的关怀和积极的期望。爷爷奶奶尽管受教育程度不高，爷爷上过小学五年级，奶奶从来没上过学，但是两人"心特别坚强"。他们比较重视池贵的教育，认为"读书就是教你很好地做人"。

> 爷爷奶奶一直跟我说要好好上学，哪怕成绩不好，你也得读书，好好学做人，不要走错路。有一次我不想读书了，我都想好了，跟村里的伙伴约好了去南京那边打工。我奶奶和我一起挖土豆，我爷爷有残疾，他就放牛。我们边挖边聊天唠嗑，我就说我要退学去打工，我奶奶当时就把锄头放下，跟我说，不行，你必须得去上课。她说你不要管那些学费，不要担心家里面的活干不完，哪怕你成绩不好，你都要去上学。我听了她的话很不开心……我们族里的一个叔叔跟我聊天，也教育我要好好读书，不要跟爷爷奶奶吵。没办法，后来我又回到学校上学。
>
> ……到成都读中专的时候，我当时连我们县城都没出去过，不要说坐火车了。爷爷送我去学校，为了省钱他买的是一张无座和一张硬座票，在火车上，他站着，让我坐着。我让他坐，他也不许。报了名之后，他走的那一次，他不识路，其实他可以坐出租车的。但是公交车比较便宜，他就坐公交车到火车站。在公交车站我送他，他从后门上车，售票员让他下来从前门买票上车。他腿不好，一瘸一拐地下来，然后再上去，车里所有人的目光都盯着他。当时我心里很不是滋味。
>
> ……我就是这样（从偏僻的山村里）出来的。要不是（爷爷奶奶）他们两个的话，或许现在我也跟我的那些发小们一样，不知在哪里混日子。所以说我觉得这辈子最感谢的就是他们两个。

第二是大妹对池贵的支持。为了减轻家庭负担，大妹小学毕业之后就外出打工至今。妹妹打工挣钱支撑了整个家庭，使池贵能够顺利读书、升学。池贵对大妹的牺牲和付出十分感慨：

> 我最对不起的人就是我们家老二——我大妹。她小学毕业要升初中了，我刚好升初二，当时是我们家最最艰难的时候，只能选择一个人继续读书，两个人读书的话负担太重了。实在没办法，我妹妹就说算了，让哥哥读，她就出去打工。那一年她才十三四岁，去乌鲁木齐打工去了，从那以后她就一直在外面打工。我们家的花销都是她给的，我们家的东西都是她买的。我在成都读书的时候，我的路费、零花钱都是她给的，衣服都是她给我买的。上学期她还给了我2000块钱。这次寒假时候她给我买了很多衣服，还给了我200块钱。她小学毕业，就撑起家里头的担子。

第三是国家的福利政策为池贵提供了资助和教育机会。除了义务教育阶段免学费、免杂费的政策，池贵还在孤儿集中助学政策的资助下读完了中专，继续到大专院校读书。

> 我觉得国家的政策对我们（孤儿）特别好，要不然的话我也许就读不了书。我记得小学的时候，一分钱没交，反而给我们每一学期发一次钱，好像20多块钱。然后发书包、发文具、发衣服……中学的时候一学期也是只交500块钱生活费，其他都是国家给补助的，一学期还给发一百多块钱的零花钱。住宿舍也是免费的。
> 在成都读S（孤儿职业技术）学校不用交学费，什么都不用交，生活费呢也不交，基本上就是说读书啥都不用愁，学校还给发钱，一个月发150块零花钱。在成都那会我们中午吃饭是三荤一素，晚上两荤两素，早上吃包子，我们的包子皮比外面的包子皮还薄，那个肉包子非常好吃的。像衣服、生活用品啊学校发。冬天的时候就是发羽绒服给我们，也发校服，短袖、外套都有，鞋子也有发的。这些东西基本上就不需要自己买。

经历了家庭破碎、贫困与无望的生活，正是持续接受教育、在学校上学把池贵的精力引导到积极的事情上，而不是"混日子"。

第四是学校老师、同学对池贵的支持。在学校，老师是重要的保护资源，同学友谊也是他社会支持的来源。

> 在成都读中专的时候，语文老师50多岁，是一个很温和的人，对学生特别亲切。每次见到我们，她第一句话总是"孩子们"，这样称呼我们。我们也不叫她老师，她姓赵，我们叫她赵妈。她是最让我尊重的一个老师。有的老师很严肃，让人心里面感觉怕他/她。我尊重赵老师，但不是心里面害怕她的那种尊重。她总是让人感觉很亲切。
>
> 有一次我感冒了，在宿舍躺了一个星期，我们宿舍同学关系相处得都很好，他们给我买药，天天从食堂给我打饭。后来身体也没恢复，同学就带我去学校附近的社区医院，医生检查是肺炎，把我转到成都三医院住院。班主任王老师那天下午下班了之后就来看我，给我买了一些生活用品，还有吃的。她说我有啥事情给她打电话，然后她派几个同学轮流照顾我，从学校的食堂给我带饭来。班里面的那些同学也都来看我，他们掏钱买了吃的、喝的送给我。出院的时候，王老师自己垫了3000多块钱帮我办出院手续……我很感谢我的那些同学，也感谢老师。

（三）自我的醒觉

仅仅拥有外部的资源和保护对实现抗逆性重构是不够的，个体要从多重逆境中恢复并获得成长，还需要增强内省，淬炼意志，激发自身的潜力，实现自我的改变。醒觉之一是理解了爷爷奶奶坚持让他上学的苦心，池贵说：

> 在成都上学差不多三个月我就想通了一些，想通了大概百分之六十。那次寒假我没回家，在学校附近找了一个火锅店上班，做服务员。一个休息天我在篮球场上打球，我的语文老师赵老师刚好路过，她就问我怎么没有回家，跟我聊了一会儿。她说孩子你打工挣钱其实是次要的，你真正体验社会生活才是重要的。我当时回去想了她那句话，我觉得特别重要。那次寒假打工经历和赵老师的一番话，让我彻彻底底想明白了。我跟家里面打了第一个电话，跟我爷爷奶奶说，我想通了为什么你们一直非要逼着我上学，原来学校是最幸福的。

醒觉之二是理解了他跟周围人的关系，以及对他人的亏欠，尤其是对家庭做出了巨大牺牲的大妹。池贵说：

> 我觉得我很幸运。我有爷爷奶奶，有两个妹妹，还有亲戚，也遇到了很多好老师和同学。我的爷爷奶奶是两个很聪明的老人，他们两个特别重视教育，在我打算辍学去打工的时候坚持让我读书、升学……我最对不起的就是我大妹。我现在很后悔，当时应该坚持让她继续读书，坚持一下，也许她也读出来了，她的命运也就不会那么……她特别懂事，比我还懂事。所以我觉得我对不起她，因为她成全了我。我想以后要多多照顾她。

醒觉之三是接受丧亲的事实和生命中的缺失，更能体会当初自己的无力感。池贵说：

> 我妈妈是我10岁那年走的，我心里面的阴影一直在，五六年之后我算是走出来了。那个阶段我特别自卑，总觉得自己跟有父母的孩子不一样，啥事情也不敢去尝试……所以我现在教育我二妹，给她打电话时总是跟她说不要怕，大胆地去闯，你想学什么你就学，把自己最好的一面发挥出来。

醒觉之四是建构和诉说自己的生活故事。经历逆境的故事已经成为他阅历中的一部分，在诉说时不再有强烈的伤痛感觉。相反，有关"劫后余生"的故事以及自己的梦想故事变成了他生命中最重要、也是最精彩的部分。池贵说：

> 我跟人谈话的时候就特别喜欢聊自己的人生、梦想，因为我觉得我的人生还是非常有聊头的，非常有故事。我觉得我每到一个地方去都是聊我的爷爷奶奶，我觉得他们两个把我带成这样，我已经很感谢了，要不是他们两个的话，也许我真的来不了首都，也许是以另外一个身份来，打工者的身份。所以我觉得我很庆幸……我特别喜欢老师这个行业，到B学院上学就是冲着学前教育这个专业来的。我对教师的理解就是教书育人，我觉得应

> 该先把育人放在前面，教书放在后面。我家乡有许多跟我一样遭受家庭困扰的孩子，父母离异的，死亡的，还有留守儿童，他们在最好的年龄段没有受到教育真的很可惜，以后我要当一个老师，把他们从边缘给拉回到正道上。

回想曾经最黑暗的时刻，池贵明白，即使在那种最艰难的情形下，每个人的内心也会闪耀着希望的光芒，但是这光芒需要生活中有成年人来帮助点亮。

这一类型的散居孤儿在熬过了最艰难、最挣扎的阶段后，逐步走出迷茫，看到希望，在成年早期阶段已经发展良好。他们能面对现实，重新定位生活方向。他们有了"刚性"，具有了忍受逆境的能力，相信自己有能耐去妥善处理未来的各种挑战。尽管未来还会遇到挫折，但生活总会盘旋向上。经历过痛苦、迷茫和挣扎之后，他们更清楚一路走来是多么幸运，他们与家人、亲属和其他帮助过自己的人的联系更加紧密。他们不仅从创伤事件中复原，而且在与艰难生活进行抗争的过程中不断成长，恢复了对自己的信心，发展出更强大的内心与力量。

第二节　内在挣扎型

内在挣扎型以创伤和内心挣扎为特征，属于高风险、弱保护、低抗逆力发展模式。典型的案例包括吴金、晓晨、建武、新剑、小武等人。亲属网络在他们丧失父母之后无法提供安全、稳定、持续的照顾，更甚者，替代养护成为新的压力源。有的个案再次经历丧亲，尤其是最亲近之人的离世；有的个案缺少关爱，养育环境充斥着混乱与争吵；有的个案经历了多次照顾者的变换和养育关系重组。核心的保护性因素——亲属网络贫乏破碎，替代养护失灵，加重了这些散居孤儿的孤立和社会疏离。在步入成年早期的当前，他们仍然挣扎、纠缠于新旧创伤，悲伤、失落、愤怒等负面心理仍然如影随形。他们需要更长的时间从创伤中恢复。

一、内在挣扎型散居孤儿的发展状况

（一）抗逆力测量和精神健康测量得分较差

这个类型的个案均来自低抗逆力得分组，即抗逆力得分最低的25%群体，在普通精神健康量表（GHQ-12）的测量中，上述个案的得分较高，处于高危状态，即超过4分的临界点，显示其显著的负面心理倾向。

（二）未能从创伤中复原

对于这个类型的散居孤儿，生活就是一个接一个的挑战。他们有更多的不幸要去面对，有更多的痛苦要去抗争，逆境的严重程度远远超出个人应对能力。不幸的是，他们只有很小的亲属网络，且不能提供足够支持帮助他们抵御危险。更为糟糕的是，一些原本应该起保护作用的因素，反倒成为风险因素，例如，抚养（扶养）义务人弃养、抚养中断或照顾环境混乱并充满压力等。这些痛苦比生活贫困的影响更为严重和持久，更让人难以忍受。因为长期深陷创伤、痛苦和困难的泥潭中，这个类型的个案在成年早期时候出现身心症状与困扰的概率更高。

二、高风险与弱保护的成长过程

高风险、弱保护是这个类型散居孤儿成长过程中的主要特征。他们长期暴露于多重的逆境中，而保护性因素不足以抵抗风险。

高风险、弱保护的第一种情形是这些受访的散居孤儿中有一些经历了多重丧失，不仅失去了父母，其所依附的照顾者中途也去世了，他们在罹孤的基础上又增加了新的丧失。访谈对象中吴金和小武都属于此种情形。成为孤儿后他们依附于单一的照顾者，并建立了深厚的感情，这个照顾者是他们的精神支柱和心理避难所，除此之外他们缺乏其他的情感资源。不幸的是，未及成年，这个照顾者也去世了，唯一的亲密关系断裂了，安全的环境失去了，他们又一次遭遇打击，新旧创伤交叉重叠在一起。吴金三四岁时丧母，11岁丧父。虽然他有两个伯伯、一个姑姑、三个舅舅和一个姨妈，但是吴金与这些亲戚缺乏亲密关系和较深的情感联结。父亲去世后他与外婆相依为命，外婆是他情感上的寄托。外婆独居在吴金二舅的老房子里，身体不好。吴金在学校寄宿，周末放假就回外婆那儿。每次回去，吴金都会给外婆买一些吃的东西如馒头或者饼干之类的带回去，因为外婆一个人不想做饭，只有非常饿的时候才会去做。尽管生活上有时还需要吴金来照顾外婆，但在情感上外婆是他最亲近、最可信赖的人。17岁时外婆去世了，吴金失去了自己心灵上的归属，他说："外婆不在了，放假了我不知道能去哪儿。"丧母、丧父、丧失外婆这一连串的打击造成了亲密关系和信赖感的瓦解，粉碎了人与群体之间的联结感，造成了严重的心灵创伤。吴金陷入一种既渴望与他人建立亲密关系又担心被其伤害的矛盾心情中：

> 我想认识一个可以一直陪着我的人……能陪着我，对我好就行。如果是有那么一个人的话，肯定要先认识，交往很久才行。（研究者：为什么要交往那么久呢？）因为后半生本来就不长，所

> 以说要认识很久很久，不然到最后又是一个人……外婆不在了，放假了我不知道去哪儿。一到放假我就感觉很难受，不知道自己要回哪儿。去年放假之前是这种感觉，今年也是。我也说不出来，就感觉很难受。

吴金的班主任这样评价他：表面上很活跃，爱张罗事，但与同学缺乏较深的友谊，同学们感觉他"表里不一"。这些描述也印证了吴金既期待亲近的关系又怕受伤害的矛盾心理，摇摆在依附他人和与他人隔离孤立之间。在访谈过程中，吴金穿着一件红白条纹的长袖衬衫，里面还有一件白色背心。天很热，笔者问他是否需要脱掉外面的长衬衫，他有些紧张，说话时嘴角有些不自然，放在桌子上的手也有些微颤抖。他在描述或评价自己、周围的人及事物时用得最多的一个词是"挺好的"，或者说："好多事我都不记得了。19岁之前的（事）我差不多都忘了，只记得几个场景，我不知道是什么原因。"他把自己裹得紧紧的，感觉出来他内心的自我防御和掩饰。

小武的情形和吴金类似。小武四五岁时父母因病去世，伯母成为他的监护人。在小武随后的成长经历中，伯母是唯一疼爱他的人。他把伯母家当自己家，称伯母为"妈妈"。伯母与伯伯分居，长期患病。小武在J孤儿学校上了7年学，平时在学校寄宿，放假才回伯母家。15岁时伯母去世，这严重打击了小武。他说："我和她感情特别深，她去世的时候我整个人都麻木了，想什么都不知道了。现在有时候做梦会梦到她，不过我还是努力克制自己不去想这些。"

高风险、弱保护的第二种情形是这些被访者中有一些在丧失父母后很长时间生活在缺少温暖和保护的家庭或社区环境中。尽管提供替代养护是关系较近的亲属，照顾者也并未中途去世，但是照料环境缺乏足够的支持尤其是情感上的滋养，或者存在忽视现象。建武两三岁时父母去世。6岁时有一年多时间是寄养在大伯家，但大妈不接纳他，还经常打骂他。无奈，建武只好又回到爷爷奶奶家。爷爷脾气不好，与奶奶争吵不休，建武生活在一个充满压力的环境中。他说：

> 我爷爷脾气比较倔，比较暴躁。一句话不投机，他就会对你大声地吼啊，骂啊。我记得我们那儿是在山里嘛，放着两头牛，放学回去我就背着书包，出去边放牛边写作业，有时候放完牛回去，牛不听话拦不住，他不会帮你捉，他还骂你。（研究者：你爷爷一直是这样吗？）对，一直都是这种脾气。（研究者：这种情形

> 之下你心里是什么样的感受？）有时候是很委屈、很难受的。这么长时间过来了，不是说习惯了，而是慢慢地变得麻木了……我爷爷和奶奶一直吵架，感觉他们俩在一起有十分之九的时间都在吵架。不管什么，我爷爷跟奶奶一句话不投机也许两人就吵起来了，生活上一些琐碎的事情，他们就会一直吵。（研究者：他们一直是以这种方式沟通吗？）对，他们慢慢地不好好说话。有时候放学了，我就在想能不能不回家，在家的时候（听见他们吵架）我也感觉挺难过的。

爷爷奶奶间的争吵和冲突令建武感到烦心。爷爷不支持他读书，希望他能退学回来给家里帮忙，这也加深了建武的自责和孤立感。

新剑6至16岁期间寄养在二姑家。因为特殊的身份和他的一些行为，遭到周围人的歧视和排斥，但二姑家对此未能重视和给予保护，使得新剑一直觉得自己受了伤害，对那些曾欺负自己的人心里有一种强烈的愤怒和报复欲望。

建武和新剑所处的照顾环境具有较高的压力，这些压力来自照顾家庭或者社区不太友善的对待方式，这样的环境缺乏温暖和保护，孤儿尽管得到了基本生存需要的满足，但内心却伤痕累累。

高风险、弱保护的第三种情形是有些被访者身处复杂的成长环境，遭遇来自家庭的多重压力，晓晨是一个典型的例子。她来自北方一个以牧业为主的农村，今年21岁。她经历的第一重压力是小时候母亲患家族性精神疾病，经常间歇性发作，母亲的疾病给家庭生活、给晓晨幼小的心灵带来困扰。她说："小时候我妈一生病，我就害怕，就会到我姥姥家住。妈妈的病也没正经上医院看，我奶奶找来土方让我妈吃，犯病的时候就让我爸打我妈，越打越严重。"第二重压力是父亲死亡、母亲入狱服刑带来的创伤留在了她的内心深处："我当时没法想象，接受不了，觉得哎呀是不是个梦，怎么可能发生到我身上？反正就是真的。我永远都忘不了那一天。后来我进屋子的时候都有一点害怕，我也有一点自责。因为那天晚上我没有在家住，如果那天我要在家住，就不会发生那样的事。"第三重压力是哥哥嫂嫂不愿承担对她的照顾，不仅不给钱，政府给晓晨的救助款还被哥哥霸占。这让晓晨丧失了对哥哥嫂子的感情："我觉得亲情在他面前什么都不是，我不愿意回我哥哥嫂嫂家，没有家的感觉。"第四重压力来自性别偏见。晓晨的奶奶重男轻女："奶奶从来都不疼我，因为我是女生。她重男轻女，她向着我哥哥，还有我三叔家的弟弟。她一有点钱就会偷着给我哥他们。我奶奶总跟我说，你要是个小子得多好……我奶奶不支持我上学，因为她觉得女孩上学没啥用，她觉得女孩以后干脆找个人嫁了就行，不用上学。"丧失父母已让晓晨严重受创，如果她的身边能有一些陪伴她、关心她、支持她的亲友，这些重要他人将是可以帮助晓晨缓冲压力、抵御风险的重要资源。但是，哥哥嫂嫂不关心她，奶奶怀有对女孩的偏见，无疑会加重晓晨的风险。

在访谈的时候，笔者观察到晓晨穿着朴素，白色条纹的运动裤，白色的T恤，有点旧，也是很久以前的样式。沉默下来的时候，她的眼神中总有一种哀愁和悲伤。谈到父母的时候她哭了，她说她不希望再走父母的老路，坚持要读书，坚持要走出压抑的家庭环境，她尽量去理解重男轻女的奶奶，但对哥哥嫂嫂的自私始终无法释怀。访谈结束后我们相互加了微信。我在晓晨的微信朋友圈看到她的个人签名、照片、图片及所配文字充满了诸如"熬过困难""忘掉痛苦""努力往前走""身心疲惫""力不从心""失望无力"等词语。在晓晨的案例中，家庭功能紊乱在成为孤儿之前就已经发生，随后的家庭破碎、被应该保护她的人忽视以及性别歧视等，远远超过了一个年轻女孩的承受能力。晓晨遭受了相当大的心理伤害，其影响长期而深远。

可以发现，这个类型的散居孤儿在他们丧失父母后，失去照料的程度非常严重：一些孤儿遭遇多重丧失，照料中断，生命中的"重要他人"陆续离世；一些孤儿遭受照顾者的打骂或疏忽照顾，生活在缺乏温暖的环境中；还有一些个案经历极端的、多重创伤事件。他们还没来得及有短暂的喘息，经济贫困、学业困难、社区的歧视等新的逆境又接踵而至，无异于雪上加霜，使他们不堪重负。各种创伤交替出现并被反复体验，在缺乏足够的社会支持下，极易发展成为复杂性哀伤。带着创伤体验，他们跨到成年早期阶段，尽管有一些亲属、教师、同学的支持，他们自己也取得了学业、社交技能等方面的进步，但是还不足以帮助他们从创伤中恢复。他们仍然挣扎于创伤阴影之下。社区、学校等层面心理疏导、干预服务的缺失，也使得他们的问题不能被及早发现和处理。

第三节　平衡维持型

平衡维持型的基本特征是，风险和保护维持了持续的、相对的平衡，抗逆力水平处于中等。典型的个案包括吉庆、振新、阿布、成丽等。这个类型的散居孤儿在婴幼儿时期成为孤儿，没有直接经历丧亲事件，丧失父母未在他们心灵上留下深深的疤痕。他们也没有遭遇安置问题，从小就在亲属家庭中生活，获得抚养人的照料和稳定的生活环境。同时，他们也获得了社会政策、孤儿福利和学校提供的资源和机会。在成长过程中他们可能面临养护困难、经济贫困等风险，但保护性因素能够抵御并维持平衡。从发展状况看，这类散居孤儿不管是在青少年阶段还是在成年早期，他们的适应能力与周围普通的青少年大体类似，基本能够胜任在特定年龄段的发展任务。

一、发展状况

（一）抗逆力测量和精神健康测量得分处于中等水平

这个类型的个案多数来自抗逆力得分中等组（抗逆力得分中位数正负二分之一个标准差），在普通精神健康量表（GHQ-12）的测量中，他们的得分较低，均未超过 4 分的临界点，说明精神健康状况尚可。

（二）发展结果符合一般的社会期望

这个类型的个案失去父母时年龄较小，认知能力和社会能力还处于发展初期，这降低了他们对失去父母这一危险因素的敏感度。失去父母抚养在他们的心灵上并未留下较深的创伤。他们的亲属网络具备关键的保护性因素，同时他们也获得了正式支持所提供的保护和机会。他们的适应能力维持在一个正常范围，符合一般的社会期望。

二、风险状况

由于失去父母的时候他们年纪尚小，还没有记事，所以这个类型的孤儿对自己的身世和父母情况的了解完全来自周围人的讲述。好在他们早已融入抚养家庭，在得知自己的身世后虽然有短暂的冲击，有身份认同上的困惑，但并未发展成为心理困扰。他们只经历过普通逆境例如生活贫困，没有暴露于严重逆境例如丧亲创伤、虐待和遭受身体与情感的忽视等。

研究者们发现不同的成长阶段，儿童对某一特定危险因素的反应程度是不一样的。埃尔德（2002）在"大萧条的孩子们"经典研究中，提出生活中的时机这一主题（principle of timing in lives），即生活转变或生命事件对于个体发展的影响，取决于它们发生时他或她有多大。该研究发现美国奥克兰地区大萧条早期（1920—1921）出生的青少年群体在大萧条最严重的时候已经独立，因此贫困对他们的影响不大，相反还磨练了他们的抗挫折能力；而晚期（1928—1929）出生的孩子，贫困使他们的教育和生活资源严重受损，以致影响成年后的发展轨迹。因此，同一个转变或事件对不同年龄的人影响不同。与此类似，理解丧亲事件对儿童的风险程度，"时机（timing）"即丧亲发生时儿童所处的年龄段也是一个非常重要的关注点。根据儿童发展心理学的研究，儿童要到八九岁时，才能真正理解死亡是什么（Schaffer，2006）。相关研究也发现灾害对儿童的影响取决于儿童所处的发展阶段，它影响儿童在认知上对灾难的理解能力和方式，并且很大程度上决定他们采用何种应对技能（Parry-Jones，1994）。与年龄大的儿童相比，学龄前儿童对灾难的反应要少一些大龄儿童普遍有的心理烦恼（Green et al.，1991）。无论孩子多大，失去父母都是一个重要的危险因素，而危险的程度——这个孩子如何理解这个危险事件的含义——则是社会能力和认知发展因素综合作用的结果（Fraser & Richman，2000）。

在本研究中，被访者失去父母时的年龄影响了他们对丧亲的认知和评价，从而影响了这一创伤事件对个体发展的风险程度。按照儿童对于死亡的理解和应对能力，孤儿丧亲时间分为三个阶段：出生至6岁，7至15岁和16至20岁。出生至6岁期间的儿童，处于婴幼儿和学龄前发展阶段，丧亲经历受到他们认知能力的影响，他们并不能理解永久丧失的含义，不能充分理解丧失带来的危险程度。在此意义上，丧亲对于这个年龄阶段的儿童是低风险的。7至15岁的儿童处于学龄期和青少年前期，他们能够理解永久丧失的含义和其他复杂的后果，会感到强烈的恐惧和希望破灭，但是他们的心智发展和社会经验尚不足以应对此巨变。因此，丧亲对于这个年龄阶段的儿童是高度风险的。16至20岁属于青少年后期阶段，他们既能理解丧失的含义，认知能力和社会能力的增强也使得他们有了自己的应对能力。因此，丧亲对于这个年龄阶段青少年风险的严重程度会低于7至15岁期间丧亲的儿童，但具体要视其外部保护而定。

三、保护过程

这一类型的孤儿像多数儿童和青少年一样，过着普通的生活：生活在家庭和社区中，有安全感和归属感；有大人的关爱、保护和管教；接受了持续的学校教育。他们经历了比较正常的心理、行为和社会发展过程。

振新和阿布都出生、生活在农村，不满一周岁时父亲去世、母亲改嫁，分别由他们的伯伯家收留抚养，上学后才知道自己的身世。吉庆和伍莫也是农村人，三四岁时父母去世，他们了解父母主要来自抚养他们的亲属的讲述。他们都是在婴幼儿时期丧失父母，心理上没有经历丧亲后的悲伤过程。正如Richardson et al.（1990）所指出的那样，改变是否导致平衡的瓦解，取决于个体对这些改变的严重性的认识和个体的思想及感觉，改变是环境与个体互动的结果。他们成为孤儿后，祖父母、叔伯姑等亲属提供了持续、稳定的照料，基本上替代了父母的角色，保障了他们身体和情感需要的满足。富有关爱和滋养的照顾环境抵挡了潜在风险对他们发展的打击，避免了一系列负面的连锁反应。当了解自己身世时，他们已经完全融入亲属家庭，有了强烈的家庭归属感，亲属对待他们的方式与对待自己的孩子一样。因此，认识到失去亲生父母并未给他们带来严重的打击和内心压力。他们有时也并不认同自己的孤儿身份，因为他们觉得孤儿应该是那种失去了父母、无家可归或者被送到福利院收养的孩子。例如，振新就对自己的孤儿身份不以为然，他说："我从小在家里长大，实际上跟普通孩子是一样的！"

他们多数是在普通学校就读，接受了持续的学校教育。亲属支持他们通过读书长大成人，成年后能够自立。例如阿布就表示："我叔叔很支持我，一直让我读书。他跟我说，你就是我的儿子，你想读书，钱是没有问题的，我能帮助你。"在学校，因为他们的孤儿身份，老师给予了他们较多的关注和关心，在学习和行为上指导他们，在救助金的申领和生活上帮助他们。

因此，成为孤儿没有导致这些被访者身心的"瓦解"，他们可能在贫困中成长，适应能力也可能会波动，但是他们的心理、学业、社交等功能维持在一个正常的范围，符合周围人的期望。在富有挑战的成长经历中，保护性力量一直比较强大，这对他们的成长是极为有利的。下面通过受访孤儿吉庆的案例加以进一步说明。

吉庆，女，1996年出生。三四岁父母去世，对于父母的印象吉庆说现在已经"记不清了"。成为孤儿后吉庆一直跟奶奶和姑姑一起生活。奶奶有低保和养老金，姑姑开个体理发店，没有结婚。未满18周岁时，吉庆享受孤儿基本生活补贴。在村里，奶奶是比较有威望的老人，村里人对待吉庆比较友善，没有人欺负她。奶奶和姑姑希望吉庆能多读书，将来找一份稳定的工作。吉庆在村里上的小学，读初中、高中都是在县里，从初中开始住宿。九年义务教育是免费的。在高中，班主任给了吉庆不少帮助，学校有什么补助政策都会想着她；有时候发现吉庆心思不在学习上，也会提醒她，找她谈话。到了高中，姑姑就一直关注国家"孤儿助学工程"项目招生政策，高考时让吉庆填报了实施该项目的B学院并被顺利录取。吉庆认为自身的优点是心态乐观和为人善良，心中最想感谢的人是奶奶和姑姑，她说："像我们那边就算是有父母的，他们也不一定能完整地念完高中或者是大学。"

从吉庆的生命历程分析，丧失父母时她仅仅三四岁，年幼的她并未意识到这意味着什么，也未感受到失去父母后的恐惧与悲伤，父母的早逝并未给她造成创伤性经历。长大后吉庆偶尔也想起父母，心里也会有所失落，但她说那只是"简单的一种怀念"。奶奶和姑姑在她失去父母后，及时抚养照顾她，填补了父母的角色，保持了重要联结关系的延续，使得吉庆能够建立安全的依恋关系。在成长过程中，奶奶和姑姑除了生活照顾，还有良好的保护，对她也有积极的期望和升学就业的指导。因此，一方面吉庆并未暴露于严重的丧亲风险，风险的总体水平不高；另一方面，核心的保护因素——替代养育是家庭式的、强有力的，提供了安全的、富于滋养的生活环境，保障了身体、心理和社会性发展的健康条件。

第四节 独自抗争适应型

独自抗争适应型的基本特征是，独立自主地面对种种困难，最大限度地发挥了个体能动性，抗逆力处于中等偏下的水平。典型的个案包括王雨、谢菊和苏枫。这个类型的散居孤儿在青少年中后期阶段丧失父母，因为年龄的缘故以及其他原因，他们没有固定的照顾者或其他正式安置。他们较早进入自我维持生计或照顾弟弟妹妹的角色，边上学边打工。在自我照顾过程中，他们发展出对困难的承受力，对辛苦的忍耐力，以及自我情绪支持的能力，一定程度上适应了高风险的生活与环境。

一、独自抗争适应型的发展状况

（一）抗逆力测量和精神健康测量得分情况

这个类型的三个个案中，王雨、谢菊来自抗逆力得分中等组，苏枫来自低抗逆力得分组。在普通精神健康量表（GHQ-12）的测量中，三名被访者中有一人得分为3分，属于中危类型，两人属于高危类型，得分超过4分的临界点，表明了负面心理倾向。

（二）单打独斗能力的发展

这一类型的散居孤儿尽管独自生活、面临诸多困难，但他们并未自暴自弃，而是凭借自身的坚强、毅力和高度的勤奋，在有限的外部支持下撑过一段异常艰难的时光，维持了自己的生计，完成了中学教育并升入大学就读，没有陷入更严重的困境。这是个体努力抗争的结果，这些经历也增强了他们忍受逆境的能力。目前，在国家资助政策的帮助下，他们在大学里的生活、安全、学习都有了保障，获得了暂时的身心平衡。

二、逆境经历

三名被访者都是在读高中、16岁左右的时候成为孤儿。王雨读小学二年级时丧父，读高一时母亲去世，那一年她才16岁。谢菊也是16岁读高一时父母去世。苏枫出生不久被父母遗弃，养父收养了她，养父丧偶后一直未娶。在她5岁时奶奶（养父的母亲）去世，17岁读高二时养父因病去世。16岁是一个比较特殊的年龄，尽管未成年，但很接近18周岁——区分成年人和未成年人的分水岭，我国《民法典》也将16周岁以上、靠自己的劳动收入为主要生活来源的未成年人视为完全民事行为能力人。访谈发现，成为孤儿时的年龄是影响他们获得替代性照顾的因素之一。相对于儿童期无劳动能力、无法照顾自己，十六七岁被普遍认为是较大的年龄阶段，有能力自助。因此，亲属们承担抚养责任的意识减弱了。例如谢菊和弟弟们尽管有三个伯伯，但谢菊说："他们家里头经济不太宽裕，而且觉得我们年纪也不小了，没有谁家提出来照顾我们。"王雨的舅舅是她唯一关系最近的亲属，舅舅离婚后重新组建家庭，有一个儿子和一个继子要抚养。舅妈因为抚养王雨的事情和舅舅经常吵架，对待王雨也很冷淡。无奈，在寄居了很短的一段时间后王雨从舅舅家搬了出来独自生活。此后，舅舅也很少管她。苏枫在养父去世后，生活"处于漂泊状态"，辗转于不同的家庭，"有时去姑妈（养父的妹妹）家待几天，再去F阿姨（镇上一位好心的女士）家待几天，或者去叔叔（养父的弟弟）家待几天。"

访谈还发现，成为孤儿时的年龄也影响了他们获得孤儿福利保障。政策界定孤儿的年龄标准是18周岁，他们成为孤儿时的年龄很接近这个标准，加之无人替他们主张权利，他们很可能被遗漏在孤儿福利保障之外。例如，王雨在母亲去世后继续领取低保金，没有被认定为"孤儿"，未申领孤儿津贴。考取了B学院办理入学手续时才被识别为孤儿，在居住地补办了孤儿认定手续，才得以纳入"孤儿助学工程"项目的资助。

他们经历丧亲创伤，身边缺少成年的家人、亲属的保护和照顾，无从寻求情感上的支持。对经济无保障的恐惧使他们在创伤还未来得及处理时，就不得不开始为自己的生计和学业找寻解决办法。他们没有人可以依靠，只能自己打拼。

三、独自抗争与自我保护

（一）边上学边打工

为了维持生计和继续上学，被访者必须边上学边打工。王雨在高中时利用晚上时间去餐馆打工，在后厨帮忙或当服务员，有时忙到太晚，学校宿舍已关门，她只好借住在校门口开的一家奶茶店的阁楼上。寒暑假时，她一天打两份工。白天在餐馆干活，晚上在网吧值夜班。这样，王雨读完了高中，还攒够了8000元上大学的学费。在读大学期间，课余做兼职工作也是他们生活的一部分。为了给弟弟寄钱、支持其读高中，谢菊来到B学院后边上学边打工。她先后在学校食堂和学校附近的饭馆做过服务员，工作内容包括抄单子、端菜、收拾桌子、打扫卫生等。周一到周五每天中午、下午上完课后都要去干两个半小时的活，周六周日时间更长一些。每天的报酬是在饭馆免费吃两顿饭，以及25元钱的现金。

（二）主动求助

有时困难比较大，被访者无力应付或解决问题，他们也会主动向学校、身边的人求助。例如谢菊读高中时，大弟弟也读高中，二弟读初中。她说："读高中的时候确实太困难了，我就去找老师问学校可不可以帮我们。后来学校为我们组织过募捐，有什么补助学校也会先想到我们。"王雨是一个自认为社交能力很强的人，"我可能除了会唠嗑没有别的（优点）"。正因为说话甜，会"哄人家"，王雨能够从同学家、奶茶店姐姐那里得到一些支持。她说："我同学家在学校门口开一家小卖部，我们关系挺好，他家做饭，我就跟着吃……还有我们学校对面奶茶店的姐姐，我只要晚上回不去宿舍了，就上她家奶茶店，看看书，写写作业，完了上阁楼睡觉去。"

（三）自我情绪支持

为了应对负面情绪压力，被访者采取诸如写作、读书、听音乐等方式来调节身心，达到自我支持的目的。日记写作是情绪调节方式之一，它可以表达内心情感，哀悼过去的失落。例如苏枫说："我不喜欢热闹，周末一般会去图书馆，写写日记，抒发对我养父的思念之情，调节心情。"另一位被访者谢菊表示，在B学院读书期间她坚持每个星期一给正在读高中的二弟发一条短信，给二弟也是给自己鼓劲加油。

四、未来的不确定性与风险

独自抗争适应型的散居孤儿出于生计需要，在艰苦的条件下勤奋工作，以赚取收入，并在支出上尽量节省。由于缺乏亲属网络支持，他们有意识地去发现和利用社会资源，应对生活风险的能力显著提高。他们在学业、财务等方面有自己的规划，艰苦的环境也让他们发展出独立自主性。在进入成年早期时，尽管受"孤儿助学工程"项目资助获得了喘息机会，但是这些贫困的年轻人仍然面临着资源和支持的贫乏、生活机会的限制。在随后的生活中，这些不利地位都会使他们面临新的风险，离开校园后仍然有无数的不确定性和挑战在前方等待他们。他们仍需独自谋划未来，抗争求活。

第五节 非常规适应型

非常规适应型以经历逆境和非常规适应为特征，它采取不被社会规范所认可的行为方式，例如加入帮派团伙、打架、喝酒、抽烟等，但却能起到应对逆境和舒缓压力的作用。这一类型类似于 Ungar（2004）所提出的隐性抗逆力（hidden resilience）。Ungar 将隐性抗逆力定义为"采取与社会认可的合适行为不同的生存策略和生活方式，但却能促进青少年从逆境中反弹恢复的能力"。在某种程度上，非常规适应可以帮助逆境中的散居孤儿舒缓压力、避免出现严重的心理健康问题，但它采取的违规和危险行为很有可能将他们置于新的风险之中。深度访谈的被访者中，被归为这一类型的个案有韩林和游亮。

一、非常规适应型的发展状况

（一）抗逆力测量和精神健康测量得分情况

这个类型的两个个案中，韩林来自抗逆力得分中等组，其精神健康测量得分为1分，属于低危类型；游亮来自低抗逆力得分组，精神健康测量得分为3分，属于中危类型。两人精神健康测量得分均未超过4分的临界点，表明无负面心理倾向。

（二）非常规适应行为

上述两名被访者在父母去世后，生活在缺少关爱和正面管教的环境中，甚至经常被体罚。由于在抚养家庭被边缘化，没有归属感，他们选择了在另类关系中寻求被接纳和友谊，沾染上了不良行为习惯，例如抽烟、逃课、打架、泡酒吧等，成为亲属、教师眼中的"问题"青年。例如，游亮就坦承自己初中三年基本上是混过来的：初一逃课，初二打架，初三睡觉。在B学院班主任的描述中，韩林入校后经常逃课，到了大二下学期已经有多门课不及格；经常跟社会上的一帮人混在一起，泡酒吧、喝酒、打群架；不仅在校外跟社会上的人打架，在学校跟同学一言不合也打起来。班主任评价韩林"自控能力比较差，管不住自己，老师们也拿他没办法"。除了行为不当，他们看问题也比较偏激、绝对化，自我认识能力不足。

二、逆境经历与非常规适应行为

下文将以韩林为例阐述和分析这一类型的逆境经历与非常规适应情况。

韩林家在山东农村。母亲是在他12岁那年去世的，过了一年父亲也去世了。韩林说父亲是因为喝酒死的，他是村里出了名的酒鬼，喝白酒就像喝矿泉水一样，小时候他家院子里满地都是空酒瓶子。爷爷去世得早，奶奶和现在的爷爷是重组的家庭。韩林有三个伯伯、三个姑姑，其中伯伯们和大姑都是奶奶的孩子，二姑、三姑是爷爷带来的孩子。父母去世后，韩林的安置问题进行得并不顺利。奶奶和爷爷没有能力抚养，其他亲属也不愿承担抚养责任，韩林曾被送到敬老院生活了一年，后来才被接回大伯家。韩林回忆说：

> 伯伯、姑姑这些亲戚不少，但是没有一个愿意养我的，人家都有自己的孩子。后来，我大伯家的堂姐要去日本留学，准备在那边定居、结婚，再也不回来了。我大伯大妈可能每个月会收到我姐打的钱，但是没人给他们养老。我大伯希望养我，等将来我大了给他们养老，这样我就到了大伯家。我二伯、三伯呢，不管我，有的时候碰见了，就问一句。

韩林比较调皮，在学校上课时爱跟同学打打闹闹，放学后喜欢跑出去跟村里的伙伴玩。大妈对韩林很严厉，经常训斥他，因为他做错事情而体罚他。大妈不让韩林出去玩，他自己就偷偷跑出来。

> 回到家我大妈就掐我两边胳膊，掐得都青了。有时候大妈打我，那么粗的大棍子打屁股，一下子就把棍子打烂了，屁股就肿了，感觉整条腿都快断了。当时特别不想在他们家待，因为真的很难受。

韩林学习表现也不好。因为家庭的变故，小学期间韩林没能完整地上学，五年级开始学习就跟不上。

> 到初中就啥也不会了。第一天、第二天不会，可能还有几个同学帮你。时间长了，不会的东西太多了，就放弃了。刚开始天天玩，然后考试也能及格。我自己要求也不高，感觉及格就好了。后来就不及格了，成绩排在班里的最后几名。进到初三，老师怕我们学习成绩最差的几个同学影响班里的升学率，就劝我去上技校。我学习死活跟不上，大伯大妈他们可能感觉我废了，也不管我学习，只管不让我出去玩，不让我出去乱混。

上技校后，韩林学会了抽烟，经常跟一帮朋友在一起混，有时一个月也不回大伯家。大伯也因此打他，严重的一次，韩林说"耳朵都被踹出血了"。还有一次韩林放假回家，跟大伯大妈发生了激烈的争吵：

151

> 我大妈让我上山干活，说我搁家躺着干嘛？我那天上午帮他们干完活，刚回来吃点东西，下午又去，好累！我说人家同学放假回家都是玩，我就回去一周，天天干活。我大妈就说我是白眼狼，我也不知道为点啥。吃他们喝他们了？但是我也帮他们干活。我直接跟他们闹掰了。大妈说，行，我不用你养老。我说，是，我现在也大了，也知道什么事该做什么事不该做。我说既然你以前帮过我，只要是你做的善事，就肯定会有善报，不可能说一点回馈都没有。我们就吵架。我就告诉她说，我又不是那种白眼狼，你对我有多大付出？你又不给我准备房子，不可能说你对我就那么一点点什么（恩惠），还得让我给你养老？

来到B学院后，韩林也自陈"感觉就一下子释放了，玩起来啥都不是了"。

与韩林的访谈中，他讲述自己技校毕业后来到B学院就读成人大专，到校的第二天，就跟人打了一架，去医院缝了三针。因为这次打架，他结交了一帮"朋友"。他说：

> 第二天他们跟我道歉了，后来我们就玩得特别好，感觉就像不打不相识。我跟他们越玩越开心，后来他们带我去酒吧。我第一次去，他们都吸水烟，我也吸了，玩得挺开心。紧接着连续去了45天，白天睡觉晚上去酒吧，也不上课。我哪天累了不想去，他们就拽着我去，还（责问）说是不是不想跟他们玩。（研究者：在酒吧里除了抽烟，还做什么？）喝酒、蹦迪，也打过几次架，就是跟一些社会上的人打架，有时动静大了警察都会来。有一次我们把人打了，人家开车在马路上追我们，用车撞我们，那次我被撞得腿都快断了……但是感觉越打架关系越铁，做兄弟的就是说打起架来你不会跑掉，那真正的是合群了。

除了和学校的同辈团伙混在一起，韩林还和一些社会上混的人结交、拜把子。这种友谊为他提供了支持：物质享受，接纳与归属，还有夜场生活、打架带来的刺激感。这些都是抚养家庭所没能给予的东西。

> 后来也接触了不少本地人，包括KTV、酒吧上班的，玩快手的，当时跟了八个本地人玩，拜了把子。有钱的时候就瞎玩，天天玩，没钱的时候我就点个外卖，买点啤酒，一个人喝。（研究者：在外边玩开销很大吧？）他们有钱嘛，大部分也不是我掏钱，他们当我是一个弟弟，每次都愿意带着我去玩，我去了也不用自己拿钱，就是白吃、白喝、白玩。

在学校与同学发生矛盾，韩林也喜欢用打架来解决问题。他曾追求过一个女生，但是这个女生和另一个男生好了。韩林就去找那个男生，争辩没几句，韩林"就把人给打了"。韩林这样描述自己的个性：

> 我从小性格就喜欢走极端，要不特别爱，要不特别恨。跟我玩的人都知道我脾气不好，知道我做什么事都爱走极端，不可能说放在中间。我感觉这样也挺好，因为一个走极端的人以后他真正可以为自己赌上一口气，为自己办一件大事。

从上述故事里，可以发现韩林很难从亲属那里获得情感关爱与精神联结，其糟糕的学业表现、偏激的个性、用打架解决问题的处事方式也难以让他从老师、同学们那里获得承认。因此，同辈群体、社会团伙就成为他所渴望的接纳和归属的来源。曾经所经历的严厉、粗暴的管教，现在团伙中抽烟、喝酒、打架带来的刺激，两者共同作用下，韩林深陷逃学、违纪、打架等问题。

第十章 结论、讨论与政策建议

第一节 研究结论

一、散居孤儿在生命历程中经历多重逆境

（一）主要的风险因素

在散居孤儿的生命历程中，父母早逝给他们带来了不幸，导致他们的日常生活发生了巨大变化，充满了各种挑战。丧亲、安置困难、养护困难、经济贫困、学业困难、歧视与耻感是散居孤儿的主要逆境经历。

对于散居孤儿，丧亲是最严重的打击。在家庭中，死亡涉及多重丧失：个人的丧失、多重角色和关系的丧失、家庭完整性的丧失，以及所有曾经拥有的希望和梦想的丧失（Walsh，2013）[202]。父母的早逝给多数散居孤儿带来持续数年的哀伤，但这只是他们逆境经历的开始，负面生活事件会接踵而来。大多数的风险来自原生家庭破碎之后抚育上的困难。以扩展家庭为基础的非正式网络在抚养责任的确定、分担、安置方式等方面常常会发生争议、推诿，导致一些散居孤儿没有成年人的照顾和保护，或者即使有照顾也不稳定，抑或是他们不喜欢的替代照顾。

超过半数的散居孤儿由祖辈抚养，祖父母或外祖父母需要付出巨大的努力来照顾和保护孤儿。照顾孙辈带来的压力不仅对他们的身体、情绪和精神带来负面影响，也会导致家庭内部关系紧张和气氛压抑，使孤儿陷于内疚和无助之中。亲属网络养护体系脆弱的现状令人担忧。祖辈养护中老人的离世使受访散居孤儿再次遭遇情感关系的断裂，再一次感受到与亲人分离的痛苦；其他亲属照顾也容易出现中断，散居孤儿需要重新安置。无论哪种形式的替代养护，受访散居孤儿

普遍面临贫困风险，导致他们生活拮据、教育受限、在学校和社区地位低下。社会往往是另一种压力的来源。在学校、社区，来自周围人的偏见和歧视让一些受访散居孤儿饱受痛苦；在社会与文化媒介中，孤儿被建构为"最弱小""最可怜"等形象，也矮化了受访散居孤儿的自我形象。丧失带来的悲伤、不稳定的生活状态、经济困难、缺乏生活与学习指导，都影响了受访散居孤儿的学业动机与学业表现。

在成年早期阶段，散居孤儿的精神健康风险尤其值得关注。定量研究结果显示，375名被调查的散居孤儿中具有负面心理倾向的比例为27.5%，显著高于其他青年群体。这一数据的背后，是精神健康风险对散居孤儿难以忽视的影响。参与深度访谈的30名散居孤儿中有许多人表达了他们目前面临的情绪困扰和社交障碍，参与访谈的教师和管理者也表达了对一些散居孤儿心理行为问题的担忧。多次丧亲经历、抚养（扶养）义务人弃养、照管环境经常变换、周围人严重歧视、悲伤无法充分释放等情形下，散居孤儿精神健康风险普遍升高。由于散居孤儿多数生活在农村地区，在成长过程中他们的精神健康风险具有相当的隐蔽性。

（二）风险机制

识别上述风险因素之后，理解散居孤儿风险蔓延、累积的机制也很有必要。研究发现，受访散居孤儿的风险因素呈现较强的连锁反应和累积效应的特征。可以观察到，受访散居孤儿经历的负面事件越多，痛苦感受越多。外部风险导致散居孤儿心理行为容易出现问题，例如情绪问题、学业不良、参与社会团伙等，这些心理行为问题反过来又增加了他们经历新的外部风险的可能性，造成恶性循环。多个外部或内部的不利因素经过长时间积累、自我强化或相互强化，最终使个体面临多重的、复杂的困境和压力。逆境的多重性、长期性、严重性、超个人控制，构成了心理创伤的来源。一些受访散居孤儿被巨大的孤独感和无助感所包围。

（三）散居孤儿多重逆境发生的原因

分析散居孤儿多重逆境的发生，除了归因于丧失父母带来的不利生存处境之外，还需要审视社会变迁、儿童福利制度和政府监管等结构性因素的影响。工业化、城市化叠加国家的计划生育政策，导致家庭迅速小型化、核心化，大家庭、扩展家庭减少了。在乡村，随着个性与个人主义的兴起，个人只强调自己的权利，无视对公众和他人的义务与责任，变成无公德的个人（阎云翔，2006）。缺少了关系紧密、相互帮助的网络，弱势的家庭就无法应对各种紧急情况。但是以克己、自力更生、互助、亲属义务等为内容的"中国家庭主义"的持续存在，使政府能够把更多福利责任转移到以扩展家庭为基础的非正式网络上（黄黎若莲，

2001)。因此，当未成年人的原生家庭破碎、功能失灵时，他们所面临的，一方面是自然的、自发的亲属网络，无法完全信赖和依靠；另一方面是政府、社会组织在散居孤儿保护中的缺位。因为缺乏有效的监管和早期干预——心理干预、安置干预、对替代养护人的监督与指导，许多受访散居孤儿长期生活在心理创伤、安置不稳定、学业困难、歧视等问题中。重担或重压已经形成，再去克服它可能需要付出巨大的努力和代价。

早期干预的缺乏是导致风险因素发生消极连锁反应和累积效应的深层原因。访谈发现，被访者在居住地所了解和接触的儿童福利政策基层执行者主要是乡镇或街道民政办工作人员、妇联干部、村居委干部等。民政部门是儿童福利的主管部门，乡镇或街道一般设民政办公室，其职责范围包括了社会救助、社会福利、基层政权建设、社会事务管理等各种事务。乡镇民政干事或民政助理员人数少，但负责的区域广，服务对象类型多、规模大，儿童福利与保护只是他们工作中很小的一部分。政府在基层的儿童保护工作是缺位的，还没有建立起有效的服务体系。同时，参与基层儿童保护的社会组织尚未形成，力量不足。在被访者的成长经历中，研究没有发现相关专业服务的提供，例如，丧亲后的心理创伤干预、安置干预、替代养护的跟踪随访和指导等。被访者的压力只能通过家庭成员、亲属之间的互助，以及被访者的自助来缓解。缺乏及时的干预会导致风险因素的连锁反应得不到有效的阻断，从而造成风险因素的累积。例如，精神健康风险的产生主要源于丧亲后的哀伤没能得到及时处理，以及生活贫困、学业困难、歧视及耻感等风险因素的长期积累。

补救性干预的不专业、不系统也是导致散居孤儿受逆境长期影响的主要原因之一。研究者对J孤儿学校、S孤儿职业技术学校和B学院的教师、管理者进行了访谈，综合来看，这些以教育为载体和主要内容的孤儿福利项目，未能提供制度化、专业化、系统化的心理或社会工作干预服务。相关教师在访谈中谈到，对一些特殊的、有情绪障碍或行为问题个案的干预充满了挑战。例如，S孤儿职业技术学校的Z老师介绍，该校也配备了接受过社工训练或考取了社工资格证书的辅导员，但她坦承改变那些处境最困难孤儿学生的工作还得靠班主任的爱心，靠"以情感人""以情化人"。类似地，在B学院担任孤儿学生辅导员多年的L老师也表示，"做孤儿学生工作要充满爱，用爱去感化学生，用爱去教育学生，用爱去帮助学生"。B学院的Y副院长则强调通过生命教育、感恩教育来进行引导。不可否认，通过教师个人奉献爱心、通过普遍的心理健康宣教来协助孤儿提高处理情绪问题、行为问题的能力会收到一定的效果，但还远远不够，我们需要建立更加制度化、可持续的干预服务，并且干预措施要建立在科学认识的基础之上。

（四）识别风险因素及机制的现实意义

本研究从逆境、风险因素等概念出发，识别了散居孤儿主要的风险因素及其机制，有三点启示和意义。

第一，需要让青少年从个体境遇出发发出自己的声音，从他们主观经验的角度识别风险因素。从外部视角或成人视角——儿童福利服务工作者、城乡基层干部等出发理解散居孤儿的困境难免会隔靴搔痒，也无法理解他们的内在体验及意义建构。研究者需要在建立信任关系的基础上，与之进行细致的、深度互动的访谈，并借助于多元的信息渠道来理解他们的逆境经历。

第二，需要准确瞄准有特殊需要的散居孤儿。散居孤儿照管环境复杂多变、经历曲折、各种困难交织重叠，群体内异质性较大。研究者需要"悬置"自己的成见或想象，个别化地去领会和理解散居孤儿的生活背景、成长轨迹和生命故事，与被访者一起发现和表述他们日常生活中的困难和挑战，以及潜藏在背后的结构性因素。这样才能将风险最大的散居孤儿精准识别出来。

第三，风险规模、风险强度、风险持续时间、个体对风险的认知和评价等指标决定了散居孤儿的脆弱性。同时，只有认识了散居孤儿风险的负面连锁反应和累积机制，才能够找到关键节点去阻断风险链条、阻止风险累积。

二、高抗逆力散居孤儿具有关键的保护性因素

（一）亲属网络中的关键保护性因素

大家庭的成员可以成为抗逆力的宝贵资源（Walsh，2013）[292]。但是，大家庭的成员有时也会成为散居孤儿压力的来源。多个受访散居孤儿的经历显示，亲属对其疏远和冷淡的态度增加了他们的孤立感。尽管人们公认家庭安置是孤儿替代养育的最好方式，但是不良的亲属抚养安置也会对他们的发展造成巨大伤害。

本研究发现，亲属网络促进受访散居孤儿抗逆力需要具备关键的保护性因素：至少有一位能持续地关爱他／她的照顾者，这是他／她的精神依靠、支撑他／她努力的动力和自我价值的基石；照顾者自身具备较强的抗逆力；一个相对紧密的、关系亲近的网络，可以提供各种形式的支持和资源，实现合作抚孤；家族和社区中具有可用资源，尤其是抚养家庭缺少的资源如良师益友等。这是一个以孤儿为中心、合作抚孤的亲属网络，与一般的社会支持网络、家庭网络存在较大差异。

分析那些适应良好被访者的抗逆力发展过程，发现在他们身后都曾有一位抗逆力的角色和榜样，本研究称之为"有抗逆力的抚养者"。他们是汪跃眼中"挺刚强的一个老人"——姥姥，池贵反复强调的"挺聪明的两个人"——爷爷奶奶，伟国所说"我现在就沿着他这条路在走"的爷爷，红英认为"比较有能力"

的爷爷，以及长文"坚持我叔说的'穷人家孩子早当家'"中所指的叔叔，等等。他们在自身也面临多重压力的情形下，勇敢地承担起抚育孤儿的责任，积极维系与亲属、社区的关系，尽量为孤儿创造一个合适的成长环境。他们具有抚慰和激励人心的作用，让亲属们更紧密地团结在一起，共同抚育和支持孤儿。他们多年如一日、坚持不懈地努力所表现出的惊人抗逆力也激励和启发了受访散居孤儿，在他们心里播下了抗逆力的种子：坚强隐忍、自强不息、重视教育、善于利用各种资源等。这些"有抗逆力的抚养者"在被访者生活中扮演了重要他人（significant others）的角色：陪伴他们，在道德和价值观上为他们提供引导，影响了他们的自我认同。在散居孤儿生命历程的转折点上，这些"有抗逆力的抚养者"发挥了关键作用，令被访者印象深刻。例如，汪跃的姥姥在他的叔叔伯伯们打算将其送至福利院抚养时，挺身而出进行了阻止，并不顾周围人的反对，在八十高龄的情形下独自担负起抚养任务。池贵、红英打算中断学业时，他们的爷爷奶奶及时劝阻，并跟他们一起想办法寻找其他资源。抚养者的这些做法阻止了随着进入福利院或失学而来的风险连锁反应。

（二）正式社会支持提供了资源与机会

孤儿津贴作为一项普惠型的儿童福利缓解了受访散居孤儿及其抚养者的经济压力，也有助于孤儿摆脱"家庭依赖者"的形象。同时，社会救助政策的覆盖让部分被访者获得了"兜底"保护。政府推行的公共教育很大程度上缓解了受访散居孤儿因贫困失学的风险。作为一项专门针对适龄孤儿的积极干预，孤儿集中助学项目通过教育资助、生活费用补贴、增加升学机会、开展技能培养和提供情感支持等方式，一方面缓解了被访者教育经费压力、缺少成长指导和升学困难等风险，另一方面为孤儿创造了新的机会和舞台，增加了孤儿的学业技能、社会技能，提升了他们的自我效能感和自尊。正如森（2012）所强调的，通过公共政策可以扩展人们的可行能力，使他/她拥有更高大的自由去做其所珍视的事；教育和医疗保健越普及，越有可能使那些本来会是穷人的人得到更好的机会去克服贫困。对于许多被访者，离开破碎、没有关爱的照管环境，学校提供了新的可能：新的经历、新的关系、新的向往。学校充当了安全的避风港、温暖的提供者、发展自我效能感和自尊的基地。

研究发现，教育机会对于被访者具有转折点效应（turning point effect）。当被访者进入校园上学时，他们进入了一个新的领域，可以通过自身的勤奋获得好的学业表现，赢得他人的尊重。安全的环境、常规的学习生活、教师的关爱可以保护被访者免受家庭严重不利的影响。课余活动培养出的兴趣在一些被访者的生活中扮演着重要的角色，一个成功的、吸引人的兴趣例如运动、绘画、播音主持等也可能对他们的发展带来新突破。对于受访散居孤儿而言，上大学有四个方面同抗逆力发展有直接关系：拓宽了散居孤儿的视野，增长了他们的见识；通过恋爱、交友、同学、师生等关系形态发展了新的人际关系和情谊；大学培养了社会职能、职业技能，使他们拥有更多的就业机会和选择；大学教育促进了被访者对经历的正面思考和自我觉醒，他们有机会与过去的经历和解，寻找新的信念。这些以自我成长、新的亲密关系或学业成就的形式取得的成功都可能会改变他们的人生轨迹，使其更具适应性。

（三）正向的能力和信念锤炼了个体抗逆力

散居孤儿所表现出来的抗逆力和他们自身所发展出的能力、信念紧密相关。虽然面临多种生活风险，很多散居孤儿都展示出了个体的能动性。他们有着自己应对贫困、情绪问题的策略，在面对、处理种种挑战的过程中他们发展了自我规划技能、自主能力和人际交往技能。那些适应良好的散居孤儿秉持"穷人家的孩子早当家""教育改变命运"等信念，或者从过去的逆境经历中悟出了新观点。他们拥有积极的进取心，依靠自己去追求更好的发展；他们从周围的榜样人物、楷模身上获得了启发与精神力量；他们拥有责任感，包括对养育者的回报、对弟弟妹妹的责任，以及对社会的回报。他们怀有感恩之心：感恩于亲属、学校、社会给予的支持，为自己现在拥有的而感恩。他们重新书写、讲述自己抗逆力的故事，使自己能够走出心理的阴霾，更加积极地生活。

三、被访者抗逆发展呈现五种类型，并且建构路径不同

分析风险因素与保护性因素的抗衡过程，比较经历逆境后的发展结果，研究发现被访者经历逆境后的重构（reintegration）具有五种类型：积极适应型、内在挣扎型、平衡维持型、独自抗争适应型、非常规适应型。五种类型体现了不同的抗逆力建构路径，所呈现的是个体与环境、风险因素与保护性因素的互动过程。

积极适应型是高风险、强保护、高抗逆力的发展类型。散居孤儿的内外保护性因素最终克服了逆境，并且通过应对压力与挑战发展了个体抗逆力。当风险累积到一定程度时，造成了受访散居孤儿身心灵平衡状态的瓦解，他们处于危险处境。在危机的激发下，保护性因素发挥出潜能。首先，亲属网络中的保护性因素率先启动，"有抗逆力的抚养者"承担保护责任，亲属网络展现关键的抗逆力要素。其次，正式支持提供经济资源和开放的机会。再次，在与亲属网络和正式支持的互动中，被访者的应对策略、技能、正面信念发展出来，个体的内省增强。最后，内外保护性因素的合力帮助被访者从逆境中恢复并积极成长。在此过程中，随着风险状况的变化，保护性因素也不断进行调整，其功能得以增强或维持，而且保护性因素呈现出积极连锁反应和累积效应。

内在挣扎型和非常规适应型都属于高风险、弱保护、低抗逆力的发展类型。被访者在丧失父母后，其亲属网络未能提供安全、稳定、持续的照顾。他们的人际联结脆弱，情感资源贫乏。再次经历丧失、经济困难、学业不佳、社会歧视等多重压力叠加，让这些散居孤儿不堪重负，无以应对。由于风险的总体水平高，其他的亲属支持和正式支持尽管能提供一些资源和机会，缓解部分压力，但也不能完全解决问题。在风险因素和保护性因素的力量对比十分悬殊的情形下，内在挣扎型被访者不仅未能从丧失父母的创伤中复原，反而变得更加脆弱，罹患创伤症候群（traumatic syndromes）的风险较高。而非常规适应型被访者则通过加入同辈团伙获得归属感，通过打架、抽烟、喝酒等越轨行为释放压力，一定程度上避免了精神健康问题。

平衡维持型属于中风险、强保护、中等抗逆力的发展类型。这个类型的个案没有经历父母丧失带来的瓦解和失序，他们从小就获得了稳定持续的亲属抚养，同时也获得了社会政策、学校的支持。相对于其他孤儿，他们的风险中等，并且保护性力量与风险保持相对均衡和稳定的状态。他们能够面对现实，拥有相对安宁的生活，发展状况也接近于他们周围的同伴。

独自抗争适应型属于高风险、弱保护、中等偏低抗逆力的发展类型。被访者因为成为孤儿时的年龄等原因，处于无成年人照顾和保护的状态，独自生活或与弟弟妹妹一起生活。他们启动、挖掘了内在潜能，发展出了应对贫困的多种策略，在情绪和情感上自我支持，能够规划和管理好自己的生活和学习，表现出令人印象深刻的能动性。但是这种主要依赖个体保护性因素来克服逆境的努力可能会导致身心过度的耗损，为远期的健康付出代价。

本研究建构的这五种类型抗逆力水平由高到低分别为积极适应型、平衡维持型、独自抗争适应型、非常规适应型和内在挣扎型。与学者们之前所划分的类型比较，既有一些相似之处，也存在较大的差异。Kumpfer（1999）曾按照抗逆力水平从高到低将个体经历逆境后的重构（reintegration）分为三种类型：抗逆力重构、适应和适应不良性重构。Richardson et al.（1990）则提出经历逆境后个体的重构有四种可能的结果：抗逆力重构、恢复平衡重构、适应不良重构和功能失调重构。上述学者的类型划分均属于理论建构，是"理想类型"。

笔者将本研究所建构的五个类型与Richardson et al.的四个类型进行比较，其异同之处见表10-1。

表 10-1　散居孤儿抗逆发展五个类型与 Richardson 等人建构类型的比较

散居孤儿抗逆发展的类型	Richardson 等人建构的"理想类型"	相同之处	差异
积极适应型	抗逆力重构	高抗逆力（克服逆境，积极成长）	无
平衡维持型	恢复平衡重构	抗逆力中等中间类型	前者无法恢复到丧失父母之前的状态，其逆境是长期的；后者经历危机后恢复到危机之前的功能水平
非常规适应型	适应不良重构	抗逆力较低	前者是以另类方式抵抗逆境，后者是顺从于逆境和低抗逆力状态
内在挣扎型	功能失调重构	抗逆力低（存在心理干预需要）	前者在学业、自我照顾等一些方面表现出能动性和抗逆力，而非全面失败；后者是心理社会功能严重失调
独自抗争适应型	—	—	—

积极适应型对应"抗逆力重构"，是克服逆境、实现了积极成长的状态。平衡维持型对应"恢复平衡重构"，在抗逆水平上都属于中等，但并不具有其所蕴含的"为恢复到与负面生活事件之前相同的功能水平而进行斗争"。因为散居孤儿经历的不是一个短期打击，而是持续的、多重的逆境，回到压力或挑战发生之前的状态已无可能。平衡维持是指风险与保护的力量对比维持了相对均衡，个体大体维持着相同水平的身心稳定状态，逆境经历既没有激发出个体更高的抗逆力，也没有导致其抗逆力降到一个较低水平。非常规适应型与"适应不良重构"具有一些相似之处。"适应不良重构"是个体在危机的进攻下自我保护因素不够坚强，被迫放弃一些动机、信念或动力为代价而达成一种新的平衡状态，例如得过且过、消极应付等（田国秀、邱文静、张妮，2011）。非常规适应型散居孤儿在很多方面也表现出适应不良，例如形成了不符合主流价值的道德观念、行为失范，以及另类关系联结。但是，换一个角度，正是这些"适应不良"的表现，使得这些散居孤儿可能避免了精神健康问题，在情绪和心理层面表现出抗逆力。内在挣扎型与"功能失调重构"存在许多交集，都反映了这类个体存在某种形式的心理治疗需要。在本研究中，内在挣扎型个体的亲属网络保护不足，风险因素的伤害太强，导致个体伤痕累累，无法从心理创伤中复原。但是，这个类型的个体自身仍然在生计、自我照顾、学业等方面发挥了积极的能动性，并显示出较强的自我保护潜能。独自抗争适应型则是散居孤儿相对于其他儿童和青少年所不具有的重构类型，它集中体现了个体的能动性和抗逆性。

需要注意的是，Kumpfer 和 Richardson 等学者关于个体抗逆重构类型的划分是在西方社会文化背景下，以青少年经历压力、生活事件或挑战之后的适应性发展为基础提出来的概念建构。我国散居孤儿逆境的长期性、压力的多重性、环境的复杂性是其他青少年所不能比拟的，而且中西方在社会、文化以及儿童福利、儿童保护政策上也存在较大差异，因此，西方学者提出的类型划分无法直接移植、套用在我国散居孤儿的分析上。

四、散居孤儿的抗逆力受多个因素影响

结合定量与质性研究的发现，从社会生态角度看，多个不同层次的因素对散居孤儿的抗逆力发挥作用。

成为孤儿的时间影响了散居孤儿的风险暴露。首先，对于在婴、幼儿时期失去父母的散居孤儿，丧失本身所产生的不利影响较小，因为他们此时对丧亲还无法进行认知和评价。其次，对于16岁左右成为孤儿的孩子来说，因为接近于成年（18周岁），可能会影响他们获得替代性成年人照顾，或者被遗漏在孤儿认定及其福利保障之外。

照管环境在散居孤儿抗逆力发展中扮演了非常重要的角色。对于多数散居孤儿，如果没有高质量的照管和社会支持，就不会出现抗逆力的品质。对抗逆力得分高、中、低三组散居孤儿的照管情况进行分析后发现，可以把照管视为一个连续体，包括破碎、短暂、适应和有能力四种状态。照管环境"破碎"意味着照管环境多变或混乱不堪、缺少关爱，这导致了散居孤儿生活不稳定、不安全和失落感。"短暂"意味着散居孤儿未及成年抚养人就去世或分离，抚养关系和情感联结中断。"适应"表明，照管家庭在重压之下大体能维持一个持续、但水准较低的照顾。"有能力"意味着抚养家庭具有抗逆力，危机激发了家庭的资源和潜能，它能够有效复原和运作。高抗逆力得分组的照管环境是适应或有能力的，相反，低抗逆力得分组的照顾环境是破碎或短暂的。散居孤儿的照管环境是发挥保护作用还是成为新的压力源，要看它离"照管连续体"的哪一端更近。

受教育状况是影响散居孤儿抗逆力的另一个重要因素。一方面，学校、教师提供了保护，尤其是当抚养家庭支持不足的时候；另一方面，学业成就提供了更高层次教育的通行证或技能工作的证书，并促进散居孤儿在一个正常轨道上生活成长，增加了他们获得保护性经验的机会。大学教育对于散居孤儿更是具有转折点效应。他们没有家庭可以依靠，大学教育及文凭是改变他们社会地位的重要途径；同时，大学生活与学习经历拓展了他们的视野、人际关系，提升了内在省思能力。总体上，受教育是一个关键保护性因素：在学校受教育的年限越长，对散居孤儿抗逆力发展越有利。

精神健康是影响散居孤儿抗逆力的一个关键因素。与其他弱势青少年群体比较，散居孤儿因为丧亲等创伤性经历，发生心理障碍的风险更高。定量研究发现，散居孤儿抗逆力与其精神健康状况负相关。质性研究也发现，高抗逆力得分组的 10 人中，绝大多数精神健康水平良好；相反，低抗逆力得分组的 10 人中，绝大多数出现了负面心理倾向，情绪困扰和社交障碍影响了他们的学习、人际交往和社会参与。

儿童福利政策在散居孤儿抗逆力发展中扮演了重要角色。孤儿津贴及社会救助缓解了孤儿贫困。在教育的阶层差距正成为教育公平的主要矛盾的当下，孤儿集中助学项目对散居孤儿具有教育补偿、消除不平等的作用，一定程度上改变了一些散居孤儿的生命轨迹。这些正式支持对于散居孤儿的抗逆力发展具有正向作用。

户籍、民族和性别这三个因素分别代表的是城乡差异、民族差异和性别观念等宏观结构性因素。城乡差异、民族差异主要通过影响抚养家庭的经济状况从而对受访散居孤儿的抗逆力产生影响。性别差异主要通过传统性别观念影响了男孩和女孩在资源、机会上的分配。

上述因素中，有一些是散居孤儿与其他青少年相比较，影响他们抗逆力的特有因素，包括成为孤儿的时间、照管环境和孤儿福利政策等。另一些因素尽管对散居孤儿和其他青少年的抗逆力都有重要影响，例如教育状况、精神健康状况等，但是相对于其他青少年来讲，它们对散居孤儿抗逆力的影响有着不同的意义和作用机制。这些都凸显了散居孤儿抗逆力发展影响因素的多重性、过程的复杂性，以及结果的多样性。

五、散居孤儿的抗逆力是多维度的

本研究在个体抗逆力的评估上，主要采用了儿童青少年抗逆力测量中文版（CYRM-C）作为测量工具。同时，精神健康状况也作为一个参考指标，并选择普通精神健康量表（GHQ-12）作为测量工具。另外，本研究还深度访谈了 30 名散居孤儿，并从他们的大学班主任那里了解了这些散居孤儿的学习、交往、活动表现等资料。这些定量和定性资料可以帮助多角度、多方面、多方法评估受访散居孤儿经历逆境后的适应状况（成功适应），并且不同方法及其结果可以相互比较。

比较对同一散居孤儿的不同观察所获得的"成功适应"信息，可以发现对于高抗逆力组的被访者，不同方法及其结果具有较高的一致性。而对于中、低抗逆力组的一些被访者，与已有研究发现相同，"成功适应"存在"外显"和"内隐"的差异（Luthar, Doernberger & Zigler, 1993）。这种差异表现在：(1) 从外部（例如班主任）观察的学业表现、人际关系、课余活动等社会行为看，被访散居孤儿适应良好，但抗逆力量表、精神健康量表的测量以及研究者的访谈与观察却显示该散居孤儿忍受着压力导致的身心症状。(2) 从外部观察，被访者有诸多偏差行为：逃课、打架、参与社会团伙等，但其在抗逆力量表、精神健康量表上的测量得分以及研究者的访谈与观察显示其并没有受内在身心症状的困扰。

除了"外显"和"内隐"上的差异，"成功适应"在领域之间也存在差异。在学业、人际关系、生计能力、情绪与心理健康等方面的表现上，被访散居孤儿各有其强项。有的散居孤儿在人际关系和生计方面具有较强的适应能力，但学业表现不佳；有的散居孤儿在人际关系和社会交往上表现不良，但在学业上表现良好；有的散居孤儿在学业、生计能力、活动参与等方面表现良好，但心理健康上存在问题。

综上，对于散居孤儿个体的抗逆力测量，评估方法、信息来源、评估领域及其数量都影响了研究对象中有抗逆力者所占的比例。因此，对于如何确定抗逆力的操作性定义，Kaufman et al. (1994) 就提出，在未来的研究中抗逆力的最合适的定义取决于研究目的，如果研究的目标是评估整体功能，那么使用更广泛、多层面的评估是有好处的；相比之下，如果研究的目的是确定为什么一些高危儿童会出现特定类型的问题，确定与不同结果相关的潜在病因过程，那么使用更窄的定义是有好处的。

总体上，在散居孤儿这个特殊的群体中，个体的抗逆力是一种普遍的现象，并且是多维的。既表现在社会功能层面的抗逆力——与环境互动、磋商，获取资源的能力；又表现在心理上的抗逆力——从创伤中恢复；还表现在学业上的抗逆力——具有学业动机并取得学业成就。在他们成年后的生活中，就业、婚姻等方面的良好结果也将是其抗逆力的重要维度。同时，抗逆力的不同维度之间存在相互促进的作用：社会功能层面的抗逆力提升可以促进心理的抗逆力和学业上的抗逆力，同样地，学业上的抗逆力也增强了他们的自信、自尊和自我效能感，并增强了省思、领悟的能力，为创伤的恢复开放了机会。

即使是那些在抗逆力量表测量或外部观察中表现不佳，或者在某些领域表现出问题的散居孤儿，也在其他领域反映出适应功能，在艰难困苦的生活中显示出积极调整的能动性。同时，抗逆力不是天生的，也不是固定不变的，是散居孤儿在和环境的互动中，随着生命进程和内外保护性因素的累积而发展出来的。

六、散居孤儿抗逆力的理论框架

在以上研究发现的基础上，笔者进一步提出了社会生态视角下散居孤儿抗逆力的过程与机制框架，如图 10-1 所示。

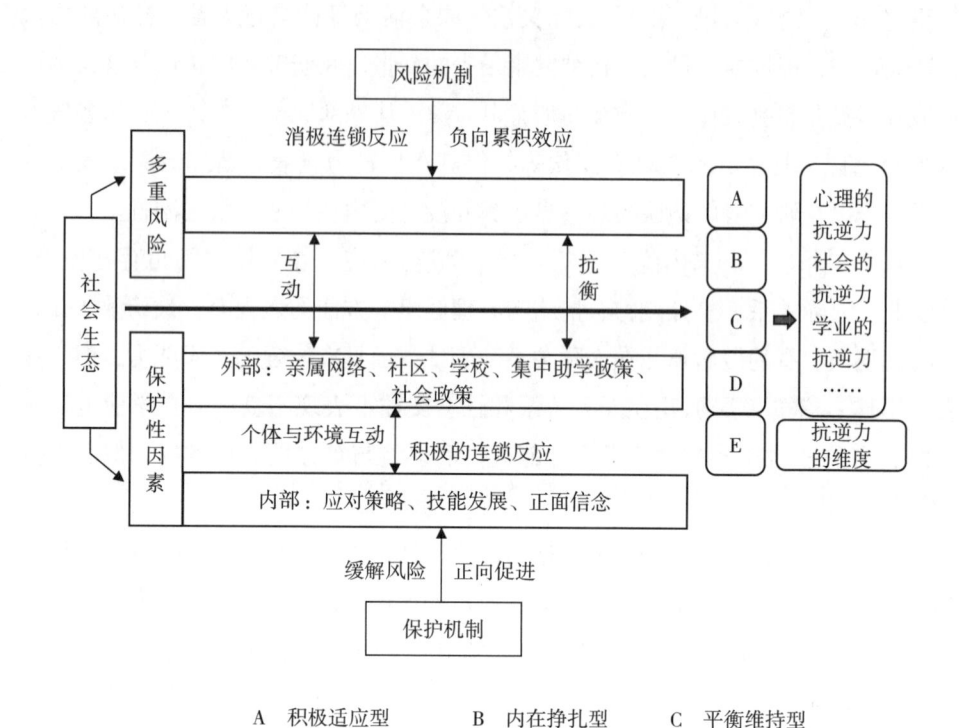

```
                    ┌──────────┐
                    │ 风险机制 │
                    └──────────┘
              消极连锁反应  负向累积效应
        ┌─────┐ ┌────────────────────────┐ ┌───┐ ┌──────────┐
        │     │ │       多重风险         │ │ A │ │  心理的  │
        │     │ └────────────────────────┘ ├───┤ │ 抗逆力   │
        │ 社  │        互动      抗衡      │ B │ │ 社会的   │
        │ 会  │ ←──────────→  ←─────────→  ├───┤ │ 抗逆力   │
        │ 生  │                            │ C │→│ 学业的   │
        │ 态  │ ┌────────────────────────┐ ├───┤ │ 抗逆力   │
        │     │ │外部：亲属网络、社区、  │ │ D │ │  ……     │
        │     │ │学校、集中助学政策、    │ ├───┤ └──────────┘
        │     │ │社会政策                │ │ E │ ┌──────────┐
        │ 保  │ ├────────────────────────┤ └───┘ │ 抗逆力   │
        │ 护  │ │个体与环境互动 积极的   │       │ 的维度   │
        │ 性  │ │               连锁反应 │       └──────────┘
        │ 因  │ ├────────────────────────┤
        │ 素  │ │内部：应对策略、技能    │
        │     │ │发展、正面信念          │
        └─────┘ └────────────────────────┘
              缓解风险      正向促进
                    ┌──────────┐
                    │ 保护机制 │
                    └──────────┘

         A  积极适应型      B  内在挣扎型      C  平衡维持型
         D  独自抗争适应型  E  非常规适应型
```

图 10-1　社会生态视角下散居孤儿抗逆力的过程与机制

这个框架呈现了在社会生态脉络下个体与环境互动、保护性因素与风险因素抗衡的过程，以及在此过程中散居孤儿呈现的抗逆重构类型，并提出了对散居孤儿的抗逆力要有多维度的理解。其主要内涵介绍如下：

（1）从保护性因素与风险因素的抗衡过程中理解散居孤儿的抗逆力

对保护性因素与风险因素之间互动与抗衡的分析有助于我们理解散居孤儿的保护过程。散居孤儿的脆弱性主要受风险规模、风险强度、风险持续时间、个体对风险的认知和评价等影响。严重的创伤、暴露于大规模的风险、持续的逆境经历等都增加了散居孤儿复原的难度。亲属网络中人际互动的质量和所能提供的资源、正式社会支持对亲属养护的支援和对孤儿资源与机会的提供，以及个体的潜能与正向信念，是散居孤儿表现出更好适应力的关键因素。个体抗逆力发展上的差异来自风险因素和保护性因素的力量对比。积极适应的发展结果是内外保护性因素合力克服了困境，反之，在风险因素和保护性因素的力量对比十分悬殊的情形下，个体可能会被逆境打败，导致严重的、长期的负面影响。随着时间推移，上述力量对比也会发生变化，导致个体抗逆力的动态调整。

（2）风险因素、保护性因素的作用机制

散居孤儿的风险因素具有典型的风险负面连锁反应和累积效应特征。外部环境的风险容易导致散居孤儿心理行为风险，这些心理行为问题反过来又增加了他们经历新的外部风险的可能性，造成恶性循环。外部与内部的不利因素经过长时间积累、相互强化，会导致个体面临多重的、复杂的困境。

散居孤儿的保护系统包括亲属网络、学校、社区、孤儿福利政策、其他社会政策，以及个体内在的适应性等。这些子系统各有其运作机制，其保护作用大体上可以划分为消极方向和积极方向。消极方向包括了减少风险暴露、缓冲风险影响、阻断风险链条等；积极方向包括了提升自我效能感与自尊、培养学业和社会技能、提供资源和机会等。保护性因素具有积极连锁反应，以及内外保护性因素之间互动产生的相互强化、自我强化等累积效应。例如，高抗逆力散居孤儿身上就表现出"强者恒强"以及抗逆力的"刚性"现象。

(3) 社会生态视角下理解散居孤儿的保护过程

从社会生态视角下出发理解散居孤儿的保护过程，可以有个体与环境、微观与宏观两个分析路径。

从个体与环境关系上分析保护过程，保护性因素由外部的保护性因素与个体内在的保护性因素组成，在个体遭遇危机时，需要外部、内部保护性因素的结合和交互作用，才能激发抗逆力。例如，积极适应型散居孤儿的外部环境中富含保护性因素，为他们提供了安全、稳定的生活环境和人际关系，在他们心中播下了抗逆力的种子，外部、内部保护性因素的合力促进了抗逆力的提升。相反，内在挣扎型、非常规适应型和独自抗争适应型这三个类型的散居孤儿，其外部的保护力量太弱，尤其是亲属网络中保护性因素贫乏。尽管个体充分挖掘潜能、拼尽全力，但仅凭个体内在的保护性因素发挥作用仍不足以抵抗逆境，这三个类型的散居孤儿呈现出较低的抗逆力发展结果。因此，个体的能动性和外部环境中的保护性因素以及它们之间的相互作用对于抗逆力的发展都是必要的。

从微观与宏观系统的关系上分析保护过程，可以发现除了个体自身、照管者、亲属网络等微观系统对散居孤儿抗逆力的影响，中观、宏观因素也扮演了重要角色，例如学校、社区、性别、民族、城乡差异、孤儿福利政策等。这些中观、宏观因素是影响散居孤儿抗逆力的更广泛的社会力量。同时，散居孤儿的"近体因素"、微观系统也是嵌入在社会结构因素和宏观系统之中的，并且受到了它们的限制和塑造。个体抗逆力的嵌入性特征提示，在研究和讨论抗逆力时不能将其局限在个人和家庭内部，否则就会将克服逆境的全部责任置于个人和家庭。当代抗逆力研究越来越重视在更广泛的社会体系中理解抗逆力，关注权力和社会正义问题（Adrian，2018）。因此，从社会生态视角出发，抗逆力是一个多层面、多层次的概念建构。

第二节 讨论与展望

一、本研究的局限与讨论

散居孤儿是我国孤儿二元福利制度下的特有现象，是有"中国特色"的一个术语。他们总体规模不大，但居住区域分散，针对他们的统计资料比较缺乏。同时，散居孤儿是一个异质性非常高的群体，他们往往有曲折的生活经历、复杂的养护环境、多样的风险因素。这个群体也较少受到社会和学术界的关注，相关认识和研究积累不多。

研究对象的特殊性对本研究提出了较大挑战。首先，散居孤儿群体的复杂性和异质性非常高，对本研究利用问卷调查收集资料带来困难。问卷是标准化的资料收集工具，有关散居孤儿的很多资料尤其是个例或极端情况难以标准化和分类，例如，就照管环境来看，存在许多个别的例子、极端的例子或者混乱的情形。其次，散居孤儿虽然总体规模不大，但很分散，针对他们的系统调查研究难以组织。本次研究的样本取自受民政部"孤儿助学工程"项目资助、就读于三所高职学院的散居孤儿学生。这是一个经过"筛选"后符合资助条件的大学生群体，与其他未上大学的散居孤儿比较是一个"优势群体"；同时，部分被访者的年龄略微超过了孤儿界定的年龄上限——18周岁。因此，从这个人群中获得的样本无法恰当代表散居孤儿总体，研究结果可能存在一些偏倚，在推论和推广上受限。将来还需要在更广泛的地区进行更大样本的研究，才能为进一步推论、推广奠定基础。

使用现有抗逆力量表在散居孤儿的测量上存在一定的局限。本研究采用了儿童青少年抗逆力测量中文版（CYRM-C）来了解散居孤儿的抗逆力状况。该量表由西方学者研制、开发，侧重于测量个体从环境中搜寻和获取资源的能力。首先，受西方文化和理论的影响，该量表在中国的推广使用还需要有进一步的应用评价研究，并且需要跳出西方以个人为中心的局限，将抗逆力放入更广阔的社会生态学背景中进行考察（向小平、田国秀、王曦影等，2014）。其次，由于散居孤儿的特殊性、复杂性，将该量表应用在他们身上可能存在效度、灵敏度的限制。例如，精神健康状况作为散居孤儿适应良好的一个"内隐"指标，在该量表的条目中并未涉及。因此，对于散居孤儿抗逆力水平的评估，仅仅使用抗逆力量表进行测量是不够的，还需要结合其他量表、行为观察和深度访谈等多种手段。抗逆力概念中所蕴含的经历逆境后还能"成功适应"，不仅指个体具有应对危机的能力，同时还包括有良好的社会交往、学业表现等社会功能，而且还应包含成功避免了精神健康问题。最后，散居孤儿的经历、情感、抚养环境与人际关系幽暗曲折，且属于私人生活领域，将其作为被调查者在较短的时间内进行量表填答可能会影响测量信度。在本研究中笔者除了使用抗逆力量表，还与受访散居孤儿建立信任关系，采用生活故事访谈方法了解他们的背景信息、经历过的生活事件，听他们倾诉心曲，获得的资料比量表测量更为丰富和立体。

本研究在质性研究方面收集有关散居孤儿的风险因素、保护性因素，以及抗逆力发展过程的资料是通过生活故事访谈实现的，来源于受访散居孤儿的回忆和主观讲述，可能存在一定的回忆偏差和报告偏差。研究者并没有找到这些被访者的养育者、亲属等了解情况，无法对散居孤儿提供的资料进行核实。受制于时间，本研究也未能采用历时性的跟踪研究。

最后，本研究在抗逆力理论创新方面稍显不足。本研究运用抗逆力理论框架和生态视角对散居孤儿的多重逆境和抗逆力进行了研究，属于理论运用型研究。由于相关统计资料和研究文献的缺乏，本研究需要去填补有关散居孤儿学术研究方面的诸多空白，因此，本研究更多地进行了探索以及要素之间关系建构。本研究发现了散居孤儿的多重逆境及精神健康高风险，识别了其关键的保护性因素与过程，提出了"合作抚孤的亲属网络""有抗逆力的抚养者"等本土概念，建构了抗逆发展的五种类型，发展了抗逆力的过程机制框架，这些都具有一定的事实及理论创新性，但在抗逆力理论创新与儿童发展理论方面的总结和提炼还需要进一步深化。

二、未来研究的展望

本研究分析了散居孤儿生命历程中的风险与抗逆过程，关注的时间段是从成为孤儿时到20岁左右。这个时间跨度并不足够，后续的研究还需要关注他们在成年期的发展状况，分析他们在就业、婚姻，以及家庭生活方面的适应情况。从长时段、宽视角来看待早年的逆境经历对于成年后的生活以及对其整个生命历程的影响，跟踪抗逆过程中持续发生的动态变化。

更加系统、科学的研究还将有赖于对散居孤儿进行长期跟踪研究，在经历逆境的初期建立基线，定期进行跟踪和历时性资料收集，最后比较分析他们若干年后的适应情况。这样或许能提供更富有启发意义的研究成果。

此外，未来的研究还需要扩大研究对象范围。一是扩大散居孤儿样本规模。二是研究对象范围扩展到散居孤儿的亲属、抚养家庭成员的调查，从他们身上获得的资料将会是研究的重要补充。

第三节 政策建议

对散居孤儿逆境经历和抗逆过程的研究，是认识散居孤儿真实境况的基础。只有正视这些在主流社会被隐匿的边缘经验，才有可能思考和反省散居孤儿保护体系的疏漏与不足。本研究识别了散居孤儿关键的风险因素与保护性因素，阐述了风险机制与保护机制，对风险因素与保护性因素之间的互动、抗衡过程进行了分析，归纳了散居孤儿抗逆重构的五种类型及其路径，并提出对散居孤儿抗逆力的界定要有多维度的理解。所有这些发现，对完善散居孤儿保护政策和实务开展具有一定的现实意义。下文将从政策层面和社会工作层面提出应对散居孤儿困境、提升其抗逆力的建议。

一、为抚养散居孤儿的家庭提供支持

目前，以扩展家庭为中心的非正式儿童福利制度承担了对散居孤儿的抚养责任。从表4-2可以发现，超过一半的散居孤儿是由祖辈（祖父母、外祖父母）抚养的，超过三成的散居孤儿是由叔、伯、姑、舅或姨抚养的。亲属网络尤其是主要照顾者在促进散居孤儿抗逆力发展的过程中付出了较大代价，年老的抚养者增加了身心的损耗，其他亲属抚养家庭产生了额外的照顾压力，孤儿的兄弟姐妹牺牲了自己的学业、打工挣钱来提供支持。作为被保护和支持的对象，散居孤儿也因为周围人的巨大付出内心感到歉疚和遗憾。因此，为散居孤儿的抚养者及其家庭提供支持势在必行。

为抚养家庭提供支持既可以直接促进孤儿健康成长，又培育和支持了富有抗逆力的抚养者及其家庭。从发展型社会政策角度，帮助儿童和投资家庭是"上游干预"反贫困策略，是一种社会投资行为，是为一国的人力资本储能（张秀兰、徐月宾，2007）。有抗逆力的儿童长大成人后，可以养家，可以纳税，可以贡献社会，是重要的人力资本。政府要为这些抚养家庭和孤儿提供更多的资源、服务和机会。2010年我国正式建立孤儿基本生活保障制度，截至2018年年底，全国散居孤儿基本生活保障平均标准为924.0元/人月[①]。不过，仅仅缓解孤儿生计困难是不够的，政府还需要针对抚养家庭尤其是祖辈抚养的家庭提供普遍性的育儿津贴，避免老年贫困，预防或减少家庭陷入困境。政府也应该为抚养家庭提供支持性服务，帮助他们应对孤儿的情绪问题、学业问题或行为管教问题；为散居孤儿、祖辈抚养者提供卫生健康服务。通过培训抚养者，并提供持续的咨询与指

[①] 民政部：《2018年民政事业发展统计公报》。

导,可以帮助抚养者掌握有效的养育方法,对散居孤儿健康成长产生有益的影响。通过社区教育,培育富有爱心和滋养的社区环境,鼓励社区领袖和爱心人士与散居孤儿建立有意义的联结,以增加散居孤儿的社会资本。

二、为散居孤儿提供干预服务

本研究发现亲属抚养孤儿主要是基于伦理义务。也有学者提出是基于儿童契约,即孤儿被期望将来对抚养者进行反哺(尚晓援,2010)。不管伦理义务还是契约,都不是强制性的,存在不履行或发生争议的可能,导致孤儿安置难问题。年幼的散居孤儿缺乏能力和渠道去主张自己的权利。因此,政府应作为儿童权利的代言人对孤儿的安置进行积极干预。有关抚养人的选择应倾听和尊重儿童的意见,并保证其有安全和稳定可靠的成长环境。对于没有亲属或亲属弃养的孤儿,政府应安排其他替代性养护。政府也需要对亲属抚养进行跟踪随访,进行监督和支持,避免虐待、忽视或歧视的发生。

为那些遭受创伤性丧失的散居孤儿提供早期干预是非常重要的。本研究发现,在散居孤儿抗逆力的多个维度中,心理的抗逆力是首要的。散居孤儿大多经历了丧亲创伤,并非都能经由家人和亲属的支持,以及自我调适得以恢复。政府和社会组织应针对那些发生情绪障碍、社交障碍风险高的孤儿提供专业的心理干预服务。同时,也应为抚养家庭提供相关咨询、指导和教育,帮助家长提高养育技巧,更好发挥家庭支持功能,促进孤儿从创伤中恢复。

三、建立健全城乡基层儿童福利服务体系

为了把援助送达包括散居孤儿在内的有需要的儿童,政府应在城乡基层建立健全儿童福利服务体系,提供制度化的服务,从监测、筛查到评估、干预、跟踪随访,形成一个服务闭环,确保服务的可及性,并不断提高其专业化程度。

在村居层面,设立儿童之家或儿童中心,作为开展儿童活动、实施儿童保护的基地,配备儿童福利主任。儿童福利主任负责儿童保护的基层工作,走访儿童家庭,建立儿童档案,筛查并重点关注那些高风险的儿童例如孤儿、留守儿童、受虐待儿童等,对重点儿童的监护情况进行监督和指导,对特殊需要儿童提供服务或进行转介。

在街镇层面,设立儿童社会工作站,作为统筹辖区内儿童保护工作、开展儿童福利主任指导、提供专业服务的机构,配备助理社会工作师、社会工作师等人员。对村居转介的特殊需要儿童进行甄别和评估;搜寻和运用相关政策为有需要的儿童及家庭提供服务;为复杂儿童个案提供服务或进行转介。

在区县层面,设立儿童福利与保护中心,负责区域内儿童保护项目的策划、

实施,对街镇、村居两级的儿童保护进行指导和监督,配备中、高级社会工作师或心理治疗师(咨询师)等专业人员。儿童福利与保护中心的专业人员应针对那些转介而来的、面临复杂疑难问题的儿童及其家庭提供治疗服务,例如为孤儿开展丧亲后的哀伤辅导,以避免他们发展为长期的创伤症候群或其他精神健康症状。

四、强化教育和学校中的保护性因素

鉴于学校和教育机构在促进孤儿抗逆力发展中扮演了重要角色,政府应保障孤儿完成义务教育,并提供更多的升学机会。接受高等教育是许多散居孤儿改变自身不利处境的可行通道,具有转折点效应。因此,首先政府应在教育费用上为散居孤儿提供支持,给予他们就读期间学费、住宿费用减免和生活费补助,鼓励他们升学、获得更高层次的教育机会。其次,因为家庭原因,不少散居孤儿存在学业困难,在升学竞争中处于劣势,为弥补差距,应提供针对散居孤儿的课外辅导、促进阅读等服务,帮助他们改善学业成绩。

当家庭支持贫乏的时候,其他方面的支持例如学校就会具有补偿作用,帮助青少年重建社会支持。对于散居孤儿,学校是一个可以提供新的、开放性机会的地方,可以弥补家庭养育的许多不足。学校应该做出更多努力,减少或消除他们在学校可能遭遇的风险因素,并通过为适应性行为提供机遇和奖励来塑造青少年的抗逆反应。例如,保护他们的家庭隐私,尊重他们在"孤儿"身份上的敏感与自我保护;倡导平等、友爱、关怀的人际环境,消除对弱势学生的歧视与排斥。同时,学校也要创造更多机会,增加保护因素,促进散居孤儿抗逆力的发展。例如,为散居孤儿提供机会,促进他们与富有支持性的教师和同学建立关系,构建学校的社会支持网络;对他们在学业、社会能力、课外活动等方面取得的成绩进行奖励,提升他们的自信、自我效能感与成就动机,强化正向价值观与行为;向他们更多开放校园参与机会,例如课外兴趣活动、勤工助学等,促进他们发展和使用新的技能,拓展人际关系。

五、强化个体内在保护因素

针对个人内在能力的干预也是促进散居孤儿抗逆力提升的关键途径。应鼓励他们通过运动、读书、写作、音乐等方式纾解压力,调节情绪。鼓励和引导他们为家庭做贡献,并为其打工补贴家用提供机会与保护,这些方面的成就体验可以帮助他们减少"家庭依赖者"的负面认知和内疚之心。为他们在学校、社区展示才能创造机会,例如播音主持、舞蹈或音乐的才能,鼓励他们参与组织合唱、联欢会等活动,提升自我效能感。开展生命教育,帮助他们认识生命过程、理解生命的意义，教育他们珍爱生命，创造生命的价值。促进他们理解祖辈及其他抚养人的养育之恩，理解亲属、教师、朋友的帮助之恩。借助于现实生活和影视、文学作品中的榜样人物，以其良好的情操、优秀的品质、模范的行为来引导孤儿，培养其积极乐观、自强不息的生命态度。

参考文献

[1] 埃尔德. 大萧条的孩子们 [M]. 田禾，马春华，译. 南京：译林出版社，2002.

[2] 波普诺. 社会学 [M]. 11 版. 李强，等，译. 北京：中国人民大学出版社，2007：428.

[3] 陈向明. 质的研究方法与社会科学研究 [M]. 北京：教育科学出版社，2000.

[4] Corr, C. A. & Balk, D. E.. 死亡与哀恸：青少年辅导手册 [M]. 吴红銮，译. 台北：心理出版社股份有限公司，2001.

[5] 大龄孤儿集中助学研究课题组. 大龄孤儿集中助学研究 [M]. 北京：中国社会出版社，2017：175-189.

[6] 樊富珉，等. 京港青少年心理健康比较研究 [J]. 青年研究，2001（9）.

[7] 费孝通. 乡土中国 [M]. 北京：中华书局，2018.

[8] Freedman, J. & Combs, G.. 叙事治疗 [M]. 易之新，译. 台北：张老师文化事业股份有限公司，2000：45.

[9] 戈夫曼. 污名——受损身份管理札记 [M]. 宋立宏，译. 北京：商务印书馆，2009.

[10] 黄黎若莲. 边缘化与中国的社会福利 [M]. 香港：商务印书馆（香港）有限公司，2001.

[11] 何忠虎. 我国艾滋病孤儿身心健康、教育干预与青少年艾滋病知、信、行研究 [D]. 北京：北京大学，2008.

[12] 赫尔曼. 创伤与复原 [M]. 施宏达，陈文琪，译. 北京：机械工业出版社，2015.

[13] 胡月琴，甘怡群. 青少年心理韧性量表的编制和效度验证 [J]. 心理学报，2008，40（8）.

[14] 凯博文. 疾痛的故事 [M]. 方筱丽，译. 上海：上海译文出版社，2018.

[15] 赖素莹. 农村孤儿生活状况和需求调查研究 [J]. 青年探索，2006（6）.

[16] 李强，邓建伟，晓筝. 社会变迁与个人发展：生命历程研究的方式与方法 [J]. 社会学研究，1999（6）.

[17] 联合国儿童基金会. 2015 年中国少数民族儿童人口状况 [R/OL].(2018-12)[2019-04-15]. https://www.unicef.cn/reports/population-status-ethnic-minority-children-china-2015.

[18] 联合国儿童基金会. 贫困儿童需要什么？ [R/OL].(2015-10-15)[2019-04-15].https://www.unicef.cn/stories/what-children-poverty-need.

[19] 联合国儿童基金会，联合国人口基金会. 2015 年中国青少年人口状况：事实与数据 [R/OL].(2018-12)[2019-04-15].https://www.unicef.cn/reports/population-status-adolescents-china-2015.

[20] Liebenberg, L. & Ungar, M.. 抗逆力研究中存在的挑战 [M]. 于琨，译.// 田国秀，抗逆力研究：运用于学校与青少年社会工作. 北京：社会科学文献出版社，2013.

[21] 刘继同. 国家责任与儿童福利 [M]. 北京：中国社会出版社，2010.

[22] 柳铭心，汪艳，张兴利，等. 异地安置 5·12 汶川大地震孤儿的创伤后应激障碍评估 [J]. 中国科学院大学学报，2010，27（5）：704-710.

[23] 刘汶蓉. 当代家庭代际支持观念与群体差异：兼论反馈模式的文化基础变迁 [J]. 当代青年

研究，2013（5）.

[24] 鲁宾（Rubin, H.J.），鲁宾（Rubin, I.S.）.质性访谈方法：聆听与提问的艺术[M].卢晖临，等，译.重庆大学出版社，2010.

[25] Masten, A..平凡的魔力：心理社会发展中的复原力[M].杨冰香，译.武汉：华中科技大学出版社，2018.

[26] 孟宪范.家庭：百年来的三次冲击及我们的选择[J].清华大学学报（哲社版），2008（3）.

[27] 内米歇尔.哀伤治疗：陪伴丧亲者走过幽谷之路[M].王建平，等，译.北京：机械工业出版社，2015.

[28] 潘允康，林南.中国城市现代家庭模式[J].社会学研究，1987（3）.

[29] 秦睿、乔东平.儿童贫困问题研究综述[J].中国青年政治学院学报，2012（4）.

[30] Rutter, M..抗逆力：构成因果关系的途径与生态学[M].张妮，邱文静，译.// 田国秀，抗逆力研究：运用于学校与青少年社会工作，社会科学文献出版社，2013.

[31] Saleebey, D..优势视角——社会工作实践的新模式[M].李亚文，杜立婕，译.上海：华东理工大学出版社，2004.

[32] 森.以自由看待发展[M].任赜，于真，译.北京：中国人民大学出版社，2012.

[33] 尚会鹏.中原地区的认干亲研究——以西村为例[J].社会学研究，1997（6）.

[34] 尚晓援，等.中国孤儿状况研究[M].北京：社科文献出版社，2008.

[35] 尚晓援.中国弱势儿童群体保护制度[M].北京：社科文献出版社，2008.

[36] 尚晓援，程建鹏.中国孤儿状况分析[J].青年研究，2006（10）.

[37] 尚晓援，刘浪.解析东亚福利模式之谜：父系扩展家庭在儿童保护中的作用[J].青少年犯罪问题，2006（5）.

[38] 尚晓援，陶传进.儿童权利和孤儿救助[M]// 尚晓援，王小林，陶传进.中国儿童福利前沿问题.北京：社会科学文献出版社，2010.

[39] 沈奕斐.深度访谈的混合模型：个案金字塔阵[J].江苏社会科学，2014(2).

[40] 施教裕.复原的理念和模型[M] // 宋丽玉，施教裕.优势观点——社会工作理论与实务.台北：洪业文化事业有限公司，2009.

[41] 世界卫生组织.2013—2020年精神卫生综合行动计划[R/OL].(2013-05-07)[2020-04-09].https://apps.who.int/gb/ebwha/pdf_files/WHA66/A66_R8-ch.pdf?ua=1.

[42] Schaffer, H. R..儿童发展心理学[M].陈仙子，任凯，译.台北：学富文化事业有限公司，2006.

[43] Strauss, A. & Corbin, J..质性研究概论[M].徐宗国，译.台北：巨流图书公司，1997.

[44] 田国秀.从抗逆力视角对"问题青少年"实施干预[J].中国青年研究，2006（11）.

[45] 田国秀，邱文静，张妮.当代西方五种抗逆力模型比较研究[J].华东理工大学学报：社会科学版，2011（4）.

[46] 童小军.儿童社会工作[M]// 马凤芝.社会工作实务（初级）.北京：中国社会出版社，2015.

[47] Ungar, M..抗逆力的跨文化研究[J].王然，译.首都师范大学学报（社会科学版），2015（2）.

[48] Walsh, F.. 家庭抗逆力 [M]. 朱眉华, 译. 上海：华东理工大学出版社，2013.

[49] 王飞鹏. 农村孤儿的抚养模式与生活状况的实证分析 [J]. 中国青年研究，2010 (2).

[50] 王江洋，等. 孤儿学生的自我污名及其对社交拒绝归因的影响 [J]. 辽宁师范大学学报（社会科学版），2017 (4).

[51] 王丽萍，等. 唐山地震孤儿30年后心理健康状况调查 [J]. 中国心理卫生杂志，2009，23 (8).

[52] 王振耀. 重建现代儿童福利制度：中国儿童福利政策报告 [M]. 北京：社会科学文献出版社，2015.

[53] 王振耀，尚晓援. 中国儿童福利政策报告（2011）[M]. // 尚晓援，王小林，等. 中国儿童福利前沿（2011）. 北京：社会科学文献出版社，2011.

[54] 席居哲，左志宏. 心理韧性者甄别诸法 [J]. 心理科学进展，2009，17(6).

[55] 席居哲，桑标. 心理弹性研究综述 [J]. 健康心理学杂志，2002 (10).

[56] 向小平，等. 儿童青少年抗逆力测量中文版在北京青少年中的适用性研究 [J]. 中国青年研究，2014 (5).

[57] 徐洁，等. 丧亲青少年哀伤过程的定性研究 [J]. 中国心理卫生杂志，2011 (9).

[58] 徐克谦. "命"的语义分析与庄子的"安命"哲学 [J]. 南京师大学报（社会科学版），2002 (2).

[59] 许烺光. 祖荫下：中国乡村的亲属、人格与社会流动 [M]. 王芃，徐隆德，译. 台北：国立编译馆，2001.

[60] 阎云翔. 私人生活的变革：一个中国村庄里的爱情、家庭与亲密关系：1949—1999[M]. 龚小夏，译. 上海：上海书店出版社，2006.

[61] 杨东平. 教育的重建 [M]. 上海：上海社会科学院出版社，2016.

[62] 杨凡，林沐雨，钱铭怡. 地震后青少年社会支持与创伤后成长关系的研究 [J]. 中国临床心理学杂志，2010，18 (5).

[63] 杨廷忠，黄丽，吴贞一. 中文健康问卷在中国大陆人群心理障碍筛选的适宜性研究 [J]. 中华流行病学杂志，2003，24 (9).

[64] 杨团. 慈善蓝皮书：中国慈善发展报告（2014）[M]. 北京：社会科学文献出版社，2014.

[65] 杨生勇. 当代中国农村社会支持系统的转型：基于华中J镇农村艾滋孤儿抚育实践的社会学研究 [M]. 武汉：湖北人民出版社，2010.

[66] 于肖楠，张建新. 韧性(resilience)——在压力下复原和成长的心理机制 [J]. 心理科学进展，2005，13 (5).

[67] 于肖楠，张建新. 自我韧性量表与Connor-Davidson韧性量表的应用比较 [J]. 心理科学，2007，30 (5)。

[68] 约翰·鲍尔比. 情感纽带的建立与破裂 [M]. 余萍，曾铮，译. 北京：世界图书出版有限公司北京分公司，2017.

[69] 曾华源，李仰慈. 建构弱势少年复原力的社会工作专业服务输送体系 [J]. 社区发展季刊，2012 (139).

[70] 曾守锤，李其维. 儿童心理弹性发展综述 [J]. 心理科学，2003 (6).

[71] 张本,等.唐山大地震孤儿远期心身健康的调查研究 [J].中国心理卫生杂志,2000,14(1).

[72] 张明园,何燕玲.精神科评定量表手册 [M].长沙:湖南科学技术出版社,2015.

[73] 张秀兰,徐月宾.发展型社会政策及其对我们的启示 [M]// 张秀兰,徐月宾,梅志里.中国发展型社会政策论纲.北京:中国劳动社会保障出版社,2007.

[74] 郑功成.序 [M]// 姚建平.国与家的博弈:中国儿童福利制度发展史.上海:格致出版社,2015.

[75] 邹明明.孤儿保障对象界定及监护权的思考 [J].社会福利,2010(9).

[76] Atkinson, R.The life story interview[M].Thousand Oaks: SAGE Publications,Inc, 1998.

[77] Bernard B.Fostering resiliency in kids[J].Educational leadership: journal of the Department of Supervision and Curriculum Development, N.E.A, 1993, 51:44-48.

[78] Benard, B.Fostering Resilience in Children.ERIC Digest[J].At Risk Persons, 1995.DOI: http://dx.doi.org/.

[79] Bertaux, D. & Kohli, M.The life story approach: a continental view[J].Annual Review of Sociology,1984,10.

[80] Bronfenbrenner, U. Developmental research, public policy, and ecology of childhood[J]. Child development. 1974,45(1).

[81] Bronfenbrenner, U. The ecology of human development [M]. Cambridge, MA: Harvard University Press,1979.

[82] Cicchetti, D. & Rogosch, F. A. The role of self-organization in the promotion of resilience in maltreated children[J]. Development and Psychopathology, 1997, 9(4).

[83] Connor, K. M. & Davidson, J. R. T. Development of a new resilience scale: The Connor-Davidson Resilience Scale (CD-RISC)[J]. Depression and Anxiety, 2003,18.

[84] Daniel, M. Beyond liminality: orphanhood and marginalisation in Botswana[J]. African journal of AIDS research, 2005, 4(3).

[85] Daniel, M. Breaching cultural silence: enhancing resilience among Ugandan orphans[J]. African journal of AIDS research, 2007, 6(2).

[86] Desilva, B. M., Skalicky A. M., Beard J. et al.. Longitudinal evaluation of the psychosocial wellbeing of recent orphans compared with non-orphans in a school-attending cohort in KwaZulu-Natal, South Africa[J]. The international journal of mental health promotion, 2012,14(3).

[87] Etherington, K. Life story research: A relevant methodology for counsellors and psychotherapists[J]. Counselling and Psychotherapy Research, 2009, 9(4).

[88] Fotso, J. C., Holding, P. A., Ezeh, A. Factors Conveying Resilience in the Context of Urban Poverty: The Case of Orphans and Vulnerable Children in the Informal Settlements of Nairobi[J]. Kenya child and adolescent mental health,2009,14(4).

[89] Fraser, M W, Richman, J M. Resilience: Implications for Evidence-based Practice [M] // Richman J M, Fraser M W. The context of youth violence: resilience, risk, and protection, Praeger, an imprint of Greenwood Publishing Group, 2000.

[90] G. Zhao. Care arrangements, grief and psychological problems among children orphaned by AIDS

in China[J]. AIS Care, 2007,19(9).

[91] Garmezy, N. Stress-resistant children: The search for protective factors. In J. E. Stevenson (Ed.), Recent research in developmental psychopathology: Journal of Child Psychology and Psychiatry book supplement 4 (pp. 213 - 233). Oxford: Pergamon Press, 1985.

[92] Green, B. L., Korol, M., Grace, M. C. et al. Children and disaster: age, gender, and parental effects on PTSD symptoms[J]. Journal of the American Academy of Child & Adolescent Psychiatry, 1991, 30(6).

[93] Kaufman, J., Cook, A., Arny, L., et al. Problems defining resiliency – illustrations from the study of maltreated children[J]. Development and psychopathology, 1994, 6(1).

[94] KublerRoss E. On death and dying[M], New York: Macmillan, 1969.

[95] Kumpfer K.L. Factors and processes contributing to resilience: The resilience framework, in M.D.Glantz &J.L.Johnson,eds.,Resiliency and development:positive life adaption(New York:Kluwer Academic, 1999.

[96] Lerner R M. Resilience as an attribute of the developmental system[M]//Lester B M, Masters A & Mcewan B. Resilience in Child: Annals of the New York Academy of Sciences. New York: New York Academy of Sciences, 2006.

[97] Linquanti R. Using community-wide collaboration to foster resiliency in kids:a conceptual framework[M], 1992.

[98] Luthar, S. S., & Cicchetti, D. The construct of resilience: Implications for interventions and social policies[J]. Developmental and Psychopathology, 2000,12.

[99] Luthar, S.S., Doernberger, C.H. & Zigler, E. Resilience is not a unidimensional construct – insights from a prospective-study of inner-city adolescents[J]. Development and psychopathology, 1993, 5(4).

[100] Luthar, S.S. & Zelazo, L.B. Research on resilience: an integrative review. In Resilience and Vulnerability: Adaptation in the Context of Childhood Adversities S.S. Luthar, Ed.: 510 - 549. Cambridge. New York, 2003.

[101] Masten, A.S. Ordinary magic: Resilience processes in development[J]. American Psychologist, 2001,56.

[102] Masten, A. S. Ordinary magic: Resilience in development[M]. New York: Guilford, 2014.

[103] Masten, A. S., & Coatsworth, J. D. The development of competence in favorable and unfavorable environments: Lessons from research on successful children[J]. American Psychologist, 1998,53.

[104] Masten, A. S., & Narayan, A. J. Child development in the context of disaster, war and terrorism: Pathways of risk and resilience[J]. Annual Review of Psychology, 2012,63.

[105]]Mhaka-Mutepfa M, Mpofu E, Cumming R.Impact of protective factors on resilience of grandparent carers fostering orphans and non-orphans in Zimbabwe[J].Journal of Aging & Health, 2015, 27(3):454-79.DOI:10.1177/0898264314551333.

[106] Neisser U E .The School Achievement of Minority Children. New Perspectives[J].The American Journal of Psychology, 1986, 100(2):298.DOI:10.2307/1422411.

[107] Ogbu J U .The Education of Minority Groups: An Enquiry into Problems and Practices of Fifteen Countries. Centre for Educational Research and Innovation[J].Comparative Education Review, 1986.DOI:10.1086/446577.

[108] Brenda,Parry-Jones,William,et al.Post-traumatic stress disorder: supportive evidence from an eighteenth century natural disaster[J].Psychological Medicine, 1994, 24(1):15-27.DOI:10.1017/S0033291700026799.

[109] Catherine Panter - Brick, Leckman J F .Editorial Commentary: Resilience in child development - interconnected pathways to wellbeing[J].Journal of Child Psychology & Psychiatry & Allied Disciplines, 2013, 54(4):333-336.DOI:10.1111/jcpp.12057.

[110] Maccoby E E , Quinton D , Rutter M .Parenting Breakdown: The Making and Breaking of Inter-Generational Links[J].Contemporary Sociology, 1989, 18(2):283.DOI:10.2307/2074135.

[111] Rando, T. A. Grief, dying, and death: Clinical interventions for caregivers[M]. Champaign, IL: Research Press, 1984.

[112] Richardson, G.E., Neiger, B.L., Jensen, S. et al. The resiliency model[J]. Heath Education, 1990, 21(6):33-39.

[113] Richman J M , Fraser M W. Resilience in Childhood: the role of risk and protection[M]//Richman J M , Fraser M W. The context of youth violence: resilience, risk, and protection, Praeger, an imprint of Greenwood Publishing Group, 2000.

[114] Rutter, M. Protective factors in children's responses to stress and disadvantage. In M. W. Kent & J. E. Rolf (Eds.), Primary prevention of psychopathology: Vol. 3. Social competence in children (pp. 49-74). Hanover, NH: University Press of New England, 1979.

[115] Rutter, M. Psychosocial resilience and protective mechanisms[J]. American Journal of Orthopsychiatry, 1987,57:316-331.

[116] Rutter M .Annual Research Review: Resilience - clinical implications[J].Journal of Child Psychology and Psychiatry, 2013, 54(4).DOI:10.1111/j.1469-7610.2012.02615.x.

[117] Sanders C M .Grief: The mourning after: Dealing with adult bereavement. Wiley series on personality processes[J]. 1989.

[118] Seccombe K . "Beating the Odds" Versus "Changing the Odds" : Poverty, Resilience, and Family Policy[J].Journal of Marriage & Family, 2002, 64:384-394.DOI:10.1111/j.1741-3737.2002.00384.x..

[119] Sengendo, J., Nambi, J. The psychological effect of orphanhood: a study of orphans in Rakai district[J]. Health transition review: the cultural, social, and behavioural determinants of health 1997, 10(suppl): 105-124.

[120] Settersten, R. A., Jr. Passages to Adulthood: linking demographic change and human development[J]. Eur J Population, 2007, 23:251-272.

[121] Gloria,Thupayagale-Tshweneagae,Zitha,et al.Discrimination against South African adolescents orphaned by AIDS[J].Journal of psychosocial nursing and mental health services, 2012. DOI:10.3928/02793695-20111213-01.

[122] Sutherland A .Nurturing Hidden Resilience in Troubled Youth. By Michael Ungar (London: University of Toronto Press, 2004, 304pp. £20.00 Pb)[J].Nucleic Acids Research, 2005, 16(17):207-227.DOI:10.1007/BF00115264.

[123] Ungar M .Research Note: Resilience across Cultures[J].British Journal of Social Work, 2008, 38(2):p.218-235.

[124] Waller M A .Resilience in Ecosystemic Context[J].American Journal of Orthopsychiatry, 2001, 71(3):p.290-297.DOI:10.1037/0002-9432.71.3.290.

[125] Werner EE. Risk, resilience, and recovery: Perspectives from the Kauai Longitudinal Study. Development and Psychopathology. 1993,5(4):503-515. DOI:10.1017/S095457940000612X.

[126] Werner E E. Resilience in development [J]. Current directions in psychological science, 1995, 4(3):81.

[127] Werner E E .Vulnerable but invincible: high-risk children from birth to adulthood[J].European Child & Adolescent Psychiatry, 2015, 86(S422):103-105.DOI:10.1111/j.1651-2227.1997.tb18356.x.

[128] Werner E E, & Smith R. S. Vulnerable but invincible: A study of resilient children. New York:Mcgraw-Hill, 1982.

[129] Werner, E. E., & Smith, R. S. Overcoming the odds: High risk children from birth to adulthood. Ithaca, NY: Cornell University Sage Press, 1992.

[130] Werner, E. E., & Smith, R. S. Journeys from childhood to midlife: Risk, resilience, and recovery. Ithaca, NY: Cornell University Press, 2001.

[131] Wood K , Chase E , Aggleton P .'Telling the truth is the best thing': teenage orphans' experiences of parental AIDS-related illness and bereavement in Zimbabwe[J].Social science & medicine, 2006, 63(7), 1923-33. DOI:10.1016/J.SOCSCIMED.2006.04.027.

[132] Worden, J. W. Children and grief: When a parent dies[M]. New York: Guilford,1996.

[133] Wright M O , Masten A S .Resilience processes in development: Fostering positive adaptation in the context of adversity[J]. 2005.

[134] Wright M O , Masten A S , Narayan A J .Resilience Processes in Development: Four Waves of Research on Positive Adaptation in the Context of Adversity[J].Handbook of resilience in children, 2013.DOI:10.1007/978-1-4614-3661-4_2.

[135] Wyman PA, Cowen EL, Work WC, Kerley JH. The role of children's future expectations in self-system functioning and adjustment to life stress: A prospective study of urban at-risk children. Development and Psychopathology. 1993,5(4):649-661. DOI:10.1017/S0954579400006210.

[136] Wen-Qing X U , Yun-Sheng W , Cheng-Ye J I .Social-psycho problem Assessment of Children Aged 6 to 14 Orphaned by AIDS in 5 Counties of China[J].Chinese Journal of AIDS & STD, 2006.

附录

附录1：抗逆力调查问卷

一、基本信息

1. 你的性别是：(1) 男　　　(2) 女

2. 你的年龄是：_____周岁。

3. 你的民族是：_____族。

4. 你的户籍所在地是：(1) 农村　　　(2) 城镇

5. 你来自于哪个省（自治区、直辖市）？_____省（自治区、直辖市）

6. 你目前就读的年级是：(1) 大一　　(2) 大二　　(3) 大三

7. 你目前就读的专业是：_____（请完整填写）。

8. 来学院之前，你的最高学历是：

(1) 普通高中毕业　　(2) 中专或职高毕业　　(3) 普通高中肄业（未毕业）

(4) 初中毕业　　(5) 其他_____（请注明）

9. 你成为孤儿的时间是在：

(1) 上幼儿园之前（3岁之前）　　(2) 幼儿园阶段（3~6岁）

(3) 小学阶段　　　　　　　　　(4) 初中阶段

(5) 高中或中专阶段

10. 成为孤儿后，你大部分时间生活在：

(1) 爷爷奶奶家　　(2) 叔叔、伯伯或姑姑家　　(3) 外公外婆家

(4) 舅舅或姨妈家　　(5) 哥哥姐姐家　　(6) 独自生活

(7) 福利院　　(8) 寄养家庭　　(9) 孤儿学校

（10）SOS 儿童村　　　（11）养父母家

（12）两种及以上环境，分别是 _____、_____ 和 _____（请填序号）

（13）其他_____（请注明）

二、青少年抗逆力测量问卷

请就下表中每项表述，画"√"选出最适合你的答案：①完全不符合、②不太符合、③不确定、④比较符合、⑤完全符合。请诚实并准确地回答。

题项	完全不符合	不太符合	不确定	比较符合	完全符合
1. 我有我尊敬的人	①	②	③	④	⑤
2. 我可以与身边的人合作	①	②	③	④	⑤
3. 获得教育对我很重要	①	②	③	④	⑤
4. 我知道怎样在不同的社会环境里行事	①	②	③	④	⑤
5. 我的照管人很关注我	①	②	③	④	⑤
6. 我的照管人很了解我	①	②	③	④	⑤
7. 如果我饿了，会有足够的东西吃	①	②	③	④	⑤
8. 我会完成我已经开始做的事情	①	②	③	④	⑤
9. 精神信念是我生活力量的源泉	①	②	③	④	⑤
10. 我为自己的民族背景骄傲	①	②	③	④	⑤
11. 人们认为与我相处很有趣	①	②	③	④	⑤
12. 我和我的照管人谈论我的感受	①	②	③	④	⑤
13. 我能在不伤害自己或他人的情况下解决问题	①	②	③	④	⑤
14. 我感到有朋友支持我	①	②	③	④	⑤
15. 我知道在社区里去哪里可以得到帮助	①	②	③	④	⑤
16. 我在学校有归属感	①	②	③	④	⑤
17. 我有困难的时候，我的照管人会帮助我	①	②	③	④	⑤
18. 在我有困难时有朋友帮助我	①	②	③	④	⑤
19. 我在社区中被公平对待	①	②	③	④	⑤
20. 我有机会向其他人展示我正成为一个成年人，并可以为自己的行为负责	①	②	③	④	⑤
21. 我清楚自己的优势	①	②	③	④	⑤
22. 我觉得为我所在的社区服务很重要	①	②	③	④	⑤
23. 我和我的照管人待在一起感觉很安全	①	②	③	④	⑤
24. 我有机会培养对今后人生有用的技能	①	②	③	④	⑤
25. 我喜欢照管人的文化和家庭传统	①	②	③	④	⑤
26. 我享受所在的社区的传统	①	②	③	④	⑤
27. 我为自己是中国人而感到骄傲	①	②	③	④	⑤

三、一般健康状况问卷

这是一份用来了解人们一般健康状况的问卷。共有 12 条表述，请仔细阅读每一条，把意思弄明白。然后，根据你最近 1 个月的实际情况，和你平时的状况相比，画"√"选出最合适的回答。每一条只能选一个答案，不要多选，也不要漏选。

1. 因担忧而失眠	①完全没有	②与平时一样	③比平时多一些	④比平时多很多
2. 总是感到有压力	①完全没有	②与平时一样	③比平时多一些	④比平时多很多
3. 做事时能集中注意力	①比平时好	②与平时一样	③比平时差	④比平时差很多
4. 感到在生活中是个有用的人	①比平时多	②与平时一样	③比平时少	④比平时少很多
5. 能够面对你的问题	①比平时多	②与平时一样	③比平时差	④比平时差很多
6. 觉得对需要决策的事情能做出决定	①比平时多	②与平时一样	③比平时差	④比平时差很多
7. 觉得不能克服困难	①完全没有	②与平时一样	③比平时多一些	④比平时多很多
8. 总的来说心情还是愉快的	①比平时多一些	②与平时一样	③比平时少一些	④比平时少很多
9. 能够享受日常的生活	①比平时多一些	②与平时一样	③比平时少一些	④比平时少很多
10. 觉得心情不愉快和情绪低落	①完全没有	②与平时一样	③比平时多一些	④比平时多很多
11. 对自己失去信心	①完全没有	②与平时一样	③比平时多一些	④比平时多很多
12. 想到自己是一个没有价值的人	①完全没有	②与平时一样	③比平时多一些	④比平时多很多

附录 2：访谈提纲

第一部分　访谈前准备与基本资料

一、介绍研究的基本情况

研究者的身份、研究主题与目的、与研究伦理相关的情况介绍、签署《知情同意书》。

二、了解被访者的背景资料

被访者的年龄、民族、居住地、目前就读年级和专业等。

三、获得"孤儿助学工程"资助情况

如何获得招生信息，如何选择专业等。

四、目前的学习生活情况

学习情况、生活情况、人际交往、兴趣、勤工助学情况等。如果是毕业班被访者，了解其求职情况以及支持、困难。

第二部分　运用生活故事访谈了解被访者成长过程中的风险和保护

一、丧失父母后的安置情况

抚养人情况，与抚养人及其家庭的关系，亲属情况，面临的困难及解决方法，个人对安置的感受。

二、成为孤儿后的家庭生活与社区生活

1. 家庭经济状况，生活照顾情况；

2. 与抚养人的沟通，抚养人的教养方式等；

3. 亲属网络及支持情况；

4. 与邻里社区的关系，社区资源状况。

三、成为孤儿后的求学经历

1. 学习情况；

2. 与老师、同学、朋友的人际交往情况；

3. 课外活动参与情况；

4. 学校、教师、同学支持情况；

5. 从事社会兼职的情况。

四、社会政策支持情况

1. 孤儿福利获得情况：孤儿津贴、低保、教育资助；

2. 孤儿集中助学政策项目支持情况：中职、高职阶段的助学情况；

3. 个人的评价与感受。

五、成长过程中的负向和正向经历

1. 正向经历：良师益友、获奖情况、个人兴趣、参与机会等；

2. 负向经历：学校、社区经历排斥，经济困难，学业困难，心理压力等。

第三部分　了解被访孤儿对逆境、自我及关系的理解

一、成长过程中最想感谢的人及原因；

二、自己的长处与短处；

三、对未来的希望和打算；

四、如何看待逆境经历，以及从中领悟到的道理或观点。

第四部分　访谈后的反馈与跟进

一、了解访谈结束后被访者的感受；

二、了解被访者是否需要提供帮助；

三、邀请并自愿加微信。

附录3：知情同意书

尊敬的被访者：

　　我邀请你参加北京师范大学社会发展与公共政策学院批准开展的"散居孤儿的风险和适应研究"课题。研究由本人单独开展，估计将有30名散居孤儿自愿参加。本研究已经得到北京师范大学社会发展与公共政策学院伦理委员会的审查和批准。

研究目的

识别散居孤儿主要风险因素、保护性因素及其机制，分析保护性因素与风险因素相互作用下散居孤儿的适应性发展，以及理解经历逆境之后的适应状况。

对象范围

30人，自愿参加。

实施方法

一对一、面对面访谈。

参加研究的影响

参与本项研究既不是你所在学校或老师的要求，也不会影响你所在学校或老师对你的评价与奖惩（例如评选优秀学生、奖学金、学校资助等）及其他利益相关事项。

参加研究的风险

访谈可能会涉及你不愿回忆的事情，可能涉及你个人的隐私。对于任何你不想回答的问题你可以选择跳过。在受访过程中如果你担忧访谈会造成心理伤害或其他问题可以中途退出。如果你在访谈期间有任何不适，请及时告知。

信息保密

有关你的身份信息只限研究者本人知晓，访谈资料只限研究者本人及论文导师知晓。任何有关本项研究结果的公开报告将不会披露你的个人信息。一切可能暴露你身份的信息例如人名、组织名称等都将匿名，必要时删除一些敏感材料。访谈资料将被保管在安全可靠的地方，研究完成后被销毁。

参加与退出权

参加本研究是完全自愿的，你可以拒绝参加研究，或者在研究过程中的任何时候选择退出，不需任何理由。

被访者同意声明：我已经阅读了上述有关本次研究的介绍，对参加本次研究可能产生的风险充分了解。我自愿同意参加本文所介绍的研究。

被访者签名：　　　　　　　　日期：

研究者声明：我确认已向被访者解释了本次研究的详细情况，特别是参加本次研究可能产生的风险。

研究者签名：　　　　　　　　日期：